本书得到国家自然科学基金面上项目（71873119）和
教育部哲学社会科学研究后期项目（19JHQ060）资助

人口年龄、产业转型与区域收敛
——理论构建和机制发现

Population Aging, Industrial Transformation,
and Regional Convergence:
Theoretical Construction and Mechanism Investigation

茅锐 ◎ 著

图书在版编目(CIP)数据

人口年龄、产业转型与区域收敛:理论构建和机制发现/茅锐著.—北京:北京大学出版社,2019.9

ISBN 978-7-301-31269-8

Ⅰ.①人… Ⅱ.①茅… Ⅲ.①人口老龄化—研究—中国②中国经济—经济结构调整—研究③区域经济发展—协调发展—研究—中国 Ⅳ.①C924.24②F12

中国版本图书馆 CIP 数据核字(2020)第 030278 号

书　　　名	人口年龄、产业转型与区域收敛:理论构建和机制发现 RENKOU NIANLING、CHANYE ZHUANXING YU QUYU SHOULIAN:LILUN GOUJIAN HE JIZHI FAXIAN
著作责任者	茅　锐　著
责任编辑	王　晶
标准书号	ISBN 978-7-301-31269-8
出版发行	北京大学出版社
地　　　址	北京市海淀区成府路 205 号　100871
网　　　址	http://www.pup.cn
微信公众号	北京大学经管书苑(pupembook)
电子信箱	em@pup.cn
电　　　话	邮购部 010-62752015　发行部 010-62750672 编辑部 010-62752926
印　刷　者	北京鑫海金澳胶印有限公司
经　销　者	新华书店
	720 毫米×1020 毫米　16 开本　12.5 印张　161 千字 2019 年 9 月第 1 版　2019 年 9 月第 1 次印刷
定　　　价	48.00 元

未经许可,不得以任何方式复制或抄袭本书之部分或全部内容。
版权所有,侵权必究
举报电话:010-62752024　电子信箱:fd@pup.pku.edu.cn
图书如有印装质量问题,请与出版部联系,电话:010-62756370

序
PREFACE

人口老龄化、产业结构转型升级和地区间的经济发展平衡，不仅是经济学领域长期备受关注的议题，也是我国进入"新时代"后面临的三个日渐严峻的挑战。茅锐博士撰写的《人口年龄、产业转型与区域收敛：理论构建和机制发现》一书紧密围绕这三个主题展开研究。与以往研究对这三个问题进行割裂考察的方式不同，他采取了一种旨在构建人口年龄决定产业结构、产业结构转型影响区域增长收敛的研究范式，将这三个问题纳入统一的理论框架下进行分析。

人口老龄化问题是中国经济的"灰犀牛"，即大概率的风险事件。人们经常对这种极有可能发生的事件心存侥幸、视而不见，但老龄化的趋势实际上已经不可阻挡；即便现在全面放开生育，人口结构仍然会继续老化。到2035年，中国65岁以上老年人口在总人口中的占比将超过20%，达到日本20世纪90年代中期的水平。从日本身上，可以看到老龄化导致的两个主要问题。第一，创新的速度将会下降。就日本而言，其20世纪90年代的创新跌落就与人口老龄化有密切关联。第二，消费规模也将会减小。这个挑战可能比创新速度下降更大。日本所谓"安倍经济学"三支箭射出去，对经济并没有起到多少帮助，根本原因就是老年人没有消费意愿，内需想刺激也刺激不起来。但需要注意的是，日本在90年代中期的人均收入水平已达到美国的80%—90%；而15年后，中国的人均收入预计只有美国的40%左右,即出现未富先老,因此,老龄化将给中国带来格外严峻的挑战。

产业结构转型是当下中国经济发生的重要变化。其实,最近几年提及较多的"新常态",本质上就源于中国经济的结构调整。其中有两个方面值得关注和思考。第一是中国出口导向型的增长模式和无限扩张的时代已经结束。出口导向模式的明显好处是,需求不用取决于一个国家内部的收入增长,而是可以更多借力世界上其他国家收入的增长。但数据显示,2008年全球金融危机之前,中国出口占GDP的比例一度接近35%,如今却只有18%,说明那样的时代可能一去不复返了。第二是中国工业化的高峰已经过去,进入"去工业化"或"后工业化"的新阶段。在三大产业中,中国从20世纪60年代以来,农业就业占比就一直下降,服务业就业占比则一直上升,工业就业占比在2010年之前保持上升,之后开始下降。这与世界各国的产业结构转型规律是吻合的,但需要指出的是,21世纪头10年中国工业就业比例上升了10个百分点,相当于之前40年上升幅度的总和。因此,产业结构朝服务业转向,与出口导向模式消退的效果叠加,将给就业和经济增长的前景造成更大的困难。

地区间经济发展的不平衡是过去40年中国经济发展的一大特征。改革开放至今,中国的实际收入水平提高了十几倍。但是值得反思的是,如此高速发展的背后,我们也支付了高昂的代价,比如收入分配、财富分配变得不平等。目前,中国沿海地区的人均收入水平是中西部地区的1.8倍;如果从公共服务的角度来看,地区间的发展差距更大。与此同时,当前中国的城市收入是农村的2.9倍,尽管比五年前下降很多,但仍然很高,农村居民享受的公共服务更是无法和城市相比。消灭城乡差距,是现代化的一个重要标志。因此,当中国特色社会主义进入新时代后,中国社会的主要矛盾已经转化为人民日益增长的美好生活需要和不平衡不充分的发展之间的矛盾。

茅锐具备很强的理论功底,他构建的统一的理论框架能够评估和预测人口结构、产业结构和区域发展这三者间的联动效应,为进一步形成统筹人口、产业和区域问题的经济政策的制定提供参考依据。具体来说,这本书包括六部分主要内容,分别是:我国人口年龄结构的演变历史与趋势、人口年龄结构对产业结构的影响路径、产业结构转型的一般规律和理论框架、人口年龄结构视角下的产业转型新理论、产业结构对区域经济增长收敛的作用分析以及产业集群作为产业结构对区域收敛的影响渠道。它们在逻辑上是递进关系,得出的结论具备理论和实践价值。

茅锐曾是我的博士研究生,目前在浙江大学工作。从学生时代开始,他就致力于宏观发展经济学的研究。他继承了北京大学国家发展研究院做问题导向研究的传统,把学术研究的根扎入中国的现实问题之中,并用严谨的经济学方法进行研究工作,在产业结构转型与区域经济增长方面取得了显著的学术成果。在很大意义上,这本书是他十余年来理论构建和经验研究的系统性总结。在当前我国经济的现实背景下,无论是对经济学及相关学科的理论和经验研究者,还是对政策制定者和关心中国经济发展的各界人士而言,本书都具有很高的参考价值。

于北京北郊沙河
2019 年 9 月 5 日

前言
FOREWORD

  人口老龄化趋势加快、产业结构转型进程提速和区域间发展尚不平衡是2008年全球金融危机爆发以来我国经济社会的三大特征。为缓解人口年龄结构波动、推动产业转型升级和促进各地区协调发展,"全面二孩"、供给侧结构性改革和区域协调发展新机制等政策相继出台。然而,人口结构变迁、产业结构转型和区域增长差异这三方面现象之间并不是孤立的。本书系统梳理了我在北京大学攻读博士学位、在美国纽约大学和威斯康星大学麦迪逊分校接受联合培养以及在浙江大学从教的十年来,关于人口结构变迁、产业结构转型和区域经济增长收敛问题的理论研究。基于多部门经济增长理论,本书旨在构建人口年龄决定产业结构、产业结构转型影响区域增长收敛的研究范式,定量评估和预测三者间的联动效应,并在此基础上形成统筹人口、产业和区域经济政策制定的分析框架。

  人口结构、产业转型和区域增长是发展经济学和宏观经济学长期关注的三个问题。现有文献对人口年龄结构如何影响经济增长表现的研究主要停留在加总层面,即人口结构变化如何通过改变居民消费储蓄决策、劳动供给数量和生产率水平等渠道对经济总量增长产生影响;对产业结构转型如何形成的理论探讨主要聚焦在偏好和技术差异方面,即需求面上的收入弹性差异和供给面上的资本密集度与生产率增速差异如何导致劳动力在部门间的分配持续改变；对区域经济增长不平衡程度变化的分析主要限定在单部门新古典框架中，即要素边际回报递减规律如何造成整体增速收敛。这些研究对人口结构、产业转型和区域增长这三方面的分析显然具有割裂性。具体而言，现有文献尚未对以下问题做出清晰的回答：

（1）人口年龄结构变迁在影响经济总体增长表现的同时，对不同部门或产业的影响是否有差别？这些差别是否存在规律？

（2）为何人口年龄结构对各个部门的影响不同？人口年龄结构决定产业结构的主要作用机制有哪些？哪些因素导致了这些机制的效果因产业而变化？

（3）现有文献中刻画产业结构演变规律的不同理论模型如何形成统一的分析框架？这些产业结构决定因素对现实数据的解释力如何？

（4）如何突破传统结构转型理论中关于个体同质的简化假设，以反映人口年龄结构影响产业结构的渠道？相比于文献中产业结构的其他主要决定因素，人口年龄结构影响产业结构的效果有多重要？

（5）区域间经济增长的收敛效果在不同部门或产业间是否有差异？如何通过产业集聚的视角解释上述差异？其具体作用机理是什么？效果如何？

（6）产业结构如何影响地区整体的经济增长收敛表现？地区间的人口年龄结构差异在多大程度上能够解释产业结构的不同，进而解释地区间的经济增长收敛表现？

本书通过构建理论框架并结合实证分析，就人口年龄结构对产业结构转型和区域增长收敛的作用机制和影响效果进行了系统而细致的讨论。本书的研究思路是，人口年龄结构决定产业结构的渠道包括需求和供给两方面。在需求面上，由于不同年龄消费者对各部门产品的偏好和支出结构有所差异，人口年龄结构变迁将改变消费者群体的相对规模，进而影响各部门的相对需求，引起产业结构变化。在供给面上，由于不同产业中劳动力年龄构成具有特定差异，人口年龄结构变迁过程中不同人群相对工资的改变将对各部门造成异质性冲击，引起不同产业出现差异化的劳动力结构调整，造成产业结构转变。此外，需求面和供给面的作用机制还相互影响，具有不同偏好结构的消费者在购买力方面的改变将进一步影响不同产业面临的相对需求，从而形成影响产业结构的交叉效应。

本书继而拓展现有文献中的金融层级理论和产业组织理论，指出产业结构转型将进一步影响地区间整体上的经济增长收敛表现。由于产业集聚能够提高企业寻找固定资产最佳接手者的概率，产业集群中的企业将面临相对较低的融资约束限制，进而从事创新活动的概率和强度相对较高，能获得较快的生产率增长，实现向技术前沿较快的收敛。实证分析同样证实，产业集聚程度越高，企业的融资约束程度就越低，创新活动越强，增长和收敛速度越快。由于工业部门中的产业集聚度较高，工业生产率在地区间体现出明显的收敛趋势，而其他部门的生产率则不收敛甚至发散。这意味着，产业结构，特别是工业部门所占比重，决定了地区整体经济增长向技术前沿收敛的速度。地区间产业结构不平衡是造成地区间经济增长不平衡的重要原因之一。人口年龄结构可以通过影响地区产业结构来改善地区间的经济发展差异状况。

具体来说，本书的研究内容包括以下六个部分：

（1）基于人口统计数据梳理我国人口年龄结构变迁的历史和主要发展阶段，总结分析现阶段人口年龄结构的重要特征，通过整理有关文献讨论影响我国未来人口年龄结构的主要参数变化，预测人口年龄结构的演变趋势。

（2）通过归纳已有宏观经济学文献中对人口年龄因素的讨论，提出人口年龄结构影响产业结构需求面和供给面的作用机制，拓展实证模型形成识别上述机制的检验方法，利用我国家庭层面的微观调查数据刻画人口年龄结构影响产业结构的各项渠道。

（3）梳理各国产业结构转型的普遍规律和我国产业结构的演变特征，通过回顾产业结构转型的传统理论，将其拓展至开放经济环境并形成分析产业结构转型的统一框架，且在此基础上校准模型参数，通过拟合产业结构转型的历史数据评估模型的解释效果。

（4）根据人口年龄结构影响产业结构的经验证据拓展产业结构转型理论，揭示人口年龄结构变迁过程中稳态和转移路径上的产业结构动态变化，定量评估人口年龄结构在产业结构转型过程中相对于传统理论所强调的其他因素的作用，根据人口年龄结构的历史和预测数据解释我国产业结构转型的变化规律和趋势。

（5）构建多种指标以刻画我国地区间经济增长收敛表现的历史演变，分产业估算和对比增长收敛表现在部门间的差异，通过增长分解和反事实分析评估产业结构在决定地区整体经济增长收敛性中的重要性，讨论地区间产业结构不平衡的形成原因。

（6）拓展金融层级理论和产业组织理论，刻画产业集群在推动相关产业实现地区间增长收敛中的理论机制，并通过实证分析为产业集群缓解企业融资约束、促进企业创新、加速企业生产率进步和推动产业整体层面上的增长提供经验证据。

根据上述理论研究和实证检验，本书的主要发现和创新集中在以下三方面。

第一，通过放松传统结构转型理论中关于同质个体的限制性假设，将人口年龄结构因素引入多部门增长模型，本研究发现，相比于部门间的收入弹性、资本密集度和生产率进步率差异等传统结构转型理论强调的因素，人口年龄结构对产业结构产生的影响是重要补充。即便仅考虑人口年龄结构的变化，数值模拟刻画的产业结构转型过程也能基本吻合历史规律。理论模型和经验证据一致表明，人口年龄结构通过多种渠道影响产业结构所产生的净效果是，服务业相对于工业的就业比重随老龄化程度逐渐上升。根据我国的人口预测数据，到2030年时，仅考虑人口老龄化因素，服务业的就业占比将接近或超过50%，从而使我国经济步入以服务业为主的发展新阶段。如果进一步考虑传统结构转型理论所刻画的产业结构变化规律，则服务业占比将增长得更快。

第二，通过突破新古典框架下经济增长收敛理论的单部门限制，本研究发现尽管改革开放以来我国省级地区间的经济增长总体上缺乏收敛表现，但各部门生产率的收敛性存在明显差异。工业部门中绝大多数子行业的生产率在地区间快速收敛。平均而言，如果一个地区的工业生产率是另一个地区的一半，则前者的工业生产率增速将比后者快6.2%。与之相反，农业、服务业和非工业部门整体的生产率不收敛乃至缓慢发散。由于在经济发展相对落后的地区中工业就业占比低，其工业生产率即便增长得较快也难以带动地区经济在整体上实现较快增长。换言之，地区间产业结构的不平衡导致了经济增长的不平衡。反事实分析结果表明，如果不同发展水平的地区间工业就业份额的差异缩小一半，则落后地区的整体经济增速将比发达地区高出3.1%；如果不同发展水平的地区间工业就业份额相同，则地区间的经济增长将快速收敛，落后地区的整体经济增速将比发达地区高出18.4%。基于微观大数据分析还发现，跨地区劳动力流动及由此带来的地区间人口年龄结构差异，是导致地区间产业结构不平衡持续存在的重要原因。

第三，通过拓展金融层级理论和产业组织理论，刻画产业集聚通过影响企业的抵押物价值从而缓解融资约束的理论新机制，本研究发现产业集聚程度提高明显有利于缓解集群中企业面临的融资约束水平。位于中等集聚程度产业集群中的企业相比于集聚度最低的集群中的企业，融资约束水平会降低21.4%。经验证据进一步指出，通过放松企业的融资约束，集聚度提高有助于推动企业创新和生产率增长，补充了现有文献对产业集群作用的认识。路径分析的结果显示，缓解融资约束这一机制解释了产业集聚对企业创新促进效果的50%—69%和对生产率进步促进效果的64%—72%。这说明，本书刻画的融资约束渠道对于理解产业集聚的作用是十分重要的。实证分析还发现，集群内企业较快的生产率增长将推动地区相关产业的生产率更快地向技术前沿收敛。当集群企业数量增加100家时，地区相关产业的生产率收敛速度将加快近40%。因此，在相对落后地区中有针对性地发展产业集群，是打破地区间产业结构不平衡导致经济增长持续不收敛的一项重要可行措施。

我国目前正处在人口年龄、产业结构和区域格局的重大转型期。为应对以上三方面转型过程中的种种挑战，中央政府分别于2013年和2016年推出"单独二孩"和"全面二孩"政策，不同地区也在竞相实施落户制度改革、公共资源配置优化等措施，以改善全国和地方的人口年龄结构；在"保增长、扩内需、调结构"的政策思路下，相继实施重点产业振兴规划、服务业创新发展大纲等方案，稳步推进"三去一降一补"，这些政策都旨在优化产业结构和提升产业发展层次；以"京津冀协同发展""长江经济带""粤港澳大湾区"战略为代表的区域政策进入顶层设计，乡村振兴战略全面部署，着力缓解区域经济发展不平衡问题。在2019年中央经济工作会议上，加强政策协同性成为下一阶段宏观经济调控的关键任务。本书的有关发现为加强人口年龄结构、产业转型升级和区域增长收敛三者的政策协同提供了理论基础，实证分析和模拟预测结果能为统筹制定协同方案提供参考依据。针对协同方案的总体制定思路和具体可能方向，本书最后进行了专门讨论。

茅 锐

2019年9月1日

目 录
CONTENTS

第一章 我国人口年龄结构的演变历史与趋势 / 001

　　第一节　我国人口年龄结构的演变历史和主要发展阶段 / 001

　　第二节　我国人口年龄结构的现状与特点 / 005

　　第三节　我国人口年龄结构的发展趋势 / 010

第二章 人口年龄结构对产业结构的影响路径 / 018

　　第一节　需求面和供给面影响路径 / 018

　　第二节　实证研究方法与模型设定 / 025

　　第三节　家庭微观数据及统计描述 / 029

　　第四节　影响路径识别结果与讨论 / 032

第三章 产业结构转型的一般规律和理论框架 / 040

　　第一节　产业结构转型规律的跨国研究 / 040

　　第二节　我国产业结构转型的特征 / 044

　　第三节　产业结构转型的主流理论框架 / 048

　　第四节　开放经济的理论模型拓展 / 054

第四章 人口年龄结构视角下的产业转型新理论 / 064

　　第一节　人口年龄结构对产业转型重要性的经验证据 / 064

第二节 结合人口年龄结构的产业转型理论模型 / 073

第三节 基于理论模型的结构转型历史模拟与趋势预测 / 082

第五章 产业结构对区域经济增长收敛的作用分析 / 093

第一节 我国区域经济增长收敛的特征 / 093

第二节 不同产业的收敛性质差异 / 097

第三节 产业结构与区域收敛表现 / 109

第四节 地区间产业结构差异讨论 / 116

第六章 产业集群：产业结构对区域收敛的影响渠道 / 124

第一节 产业集群影响区域收敛的理论机制 / 124

第二节 产业集聚缓解融资约束的效果分析 / 128

第三节 产业集群推动企业创新与区域收敛的机制与效果 / 152

第七章 结语及启示 / 173

后　记 / 181

图 目 录

图 1.1　我国六次人口普查中的人口年龄金字塔分布 / 002

图 1.2　我国历年的人口出生率、死亡率和自然增长率 / 003

图 1.3　我国 65 岁及以上人口在世界中的占比变化 / 006

图 1.4　我国和日本 65 岁及以上人口占比变化历史对比 / 007

图 1.5　2000 年人均 GDP 与老年人口占比散点图 / 008

图 1.6　65 岁及以上人口占比在我国各省级地区间的分布 / 009

图 1.7　胡英等（2010）对各时期我国 65 岁及以上人口年均增量的预测 / 017

图 2.1　CFPS 样本中被调查者的年龄分布 / 031

图 2.2　服务业-工业相对消费支出的生命周期分布 / 034

图 2.3　服务业-工业就业人数比的生命周期分布 / 036

图 3.1　美国和韩国的产业结构转型路径 / 042

图 3.2　六个国家的产业结构转型历史 / 043

图 3.3　我国产业结构转型中的库兹涅茨事实 / 044

图 3.4　我国三次产业增加值和最终消费结构的变化 / 045

图 3.5　我国各省级地区三次产业就业比重相对初始水平的演变 / 046

图 3.6　我国各省级地区三次产业增加值比重相对初始水平的演变 / 047

图 3.7　韩国 1963—2009 年结构转型的数值模拟结果 / 062

图 3.8　生产率效应和巴拉萨-萨缪尔森效应的数值模拟结果 / 063

图 4.1　1952—2014 年我国的服务业-工业相对规模与劳动力年龄结构 / 065

图 4.2　1980—2010 年各国（地区）服务业-工业就业份额比与老年抚养比的散点分布 / 067

图 4.3　服务业-工业相对规模历史数据与模拟结果对比 / 085

图 4.4　2010 年和 2050 年全国人口年龄分布对比 / 087

图 4.5　农业就业份额不变时工业与服务业就业份额的预测结果 / 090

图 5.1　我国省际人均 GDP 的变化 / 095

图 5.2　我国省际人均 GDP 变异系数的变化 / 095

图 5.3　我国省际劳均 GDP 的 β 收敛系数走势 / 097

图 5.4　各地区两位数行业的初始劳均增加值与增速 / 099

图 5.5　各三位数工业子行业 β 收敛系数的核密度分布 / 105

图 5.6　农业和服务业部门劳动生产率在地区间的收敛表现 / 110

图 5.7　各地区 1998 年劳均 GDP 与工业就业份额 / 118

图 5.8　各地区的初始劳均 GDP 与样本期内工业就业份额的累积变化 / 120

图 5.9　各地区劳均 GDP 与工业就业份额增长率的反事实分析 / 123

图 6.1　"城市-年份"组的产业集聚度与其平均投资-现金流敏感度 / 141

图 6.2　产业集聚与企业创新关系散点图 / 162

表 目 录

表 1.1　胡英等（2010）对 2000—2050 年间我国人口生育率的设定方案 / 012

表 1.2　胡英等（2010）对 2000—2050 年间我国人口预期寿命的设定方案 / 013

表 1.3　胡英等（2010）对 2000—2050 年间我国城镇化水平的设定方案 / 015

表 2.1　家庭各项消费支出的描述性统计 / 031

表 2.2　劳动者服务业-工业就业选择的 Probit 模型估计 / 037

表 2.3　劳动者服务业-工业就业选择的 Logit 模型估计 / 038

表 4.1　老年抚养比对服务业-工业就业份额比的影响分析 / 068

表 4.2　劳动力年龄结构对服务业-工业就业份额比的影响分析（不含其他控制变量）/ 071

表 4.3　劳动力年龄结构对服务业-工业就业份额比的影响分析（包含其他控制变量）/ 072

表 4.4　滞后期劳动力年龄结构对服务业-工业相对规模的影响 / 081

表 4.5　各时期平均服务业-工业相对规模预测值 / 087

表 4.6　预测结果对需求面和供给面参数的敏感度分析 / 088

表 4.7　预测结果对未来劳动力年龄结构取值的敏感度分析 / 089

表 4.8 农业就业份额变化时 2020—2030 年间工业与服务业的平均就业份额预测 / 091

表 5.1 全部两位数行业劳动生产率的 β 收敛性质检验 / 103

表 5.2 不同细分度下行业劳动生产率 β 收敛性质的稳健性检验 / 104

表 5.3 不同期限内劳动生产率 β 收敛性质的稳健性检验 / 107

表 5.4 不同生产率指标下的 β 收敛性质稳健性检验 / 108

表 5.5 非工业部门劳动生产率 β 收敛性质检验 / 111

表 5.6 地区劳均 GDP 增长率的分解 / 114

表 5.7 地区工业就业份额与劳均 GDP 收敛性的反事实分析 / 116

表 6.1 产业集聚缓解了融资约束 / 145

表 6.2 不同固定资产依赖度产业间的比较 / 149

表 6.3 不同企业增长差异度产业间的比较 / 151

表 6.4 产业集聚缓解融资约束 / 160

表 6.5 产业集聚可以促进企业创新 / 163

表 6.6 产业集聚加快企业生产进步 / 165

表 6.7 对产业集聚与企业创新关系中融资约束中介渠道的路径分析 / 168

表 6.8 对产业集聚与生产率进步关系中融资约束中介渠道的路径分析 / 169

表 6.9 产业集聚促进 β 收敛 / 171

第一章

我国人口年龄结构的演变历史与趋势

人口年龄结构快速而巨大的变化，是1949年以来我国经济建设伟大成就的一大特征。本章旨在回顾我国人口年龄结构的变化历史，总结其现状特点，并对未来变化趋势做出预测。总体上，我国人口年龄结构经历了先由死亡率下降带来年轻化，后由出生率下降带来老龄化的发展历程。目前我国人口年龄结构显示出老年人口规模庞大、老龄化加速发展、"未富先老"和地区差异明显等特点。基于不同发展情景的人口预测研究一致显示，我国人口规模总体将按照先增后降的规律演变，期间老年人口规模将总体呈上升趋势，其中2050年之前是人口老龄化相对高速发展的时期。本章对人口年龄结构历史和趋势所进行的分析，将为后续章节中讨论人口年龄结构与产业结构转型及区域增长收敛之间的联系提供现实情境和量化研究的基本立足点。

第一节 我国人口年龄结构的演变历史和主要发展阶段

中华人民共和国成立以来，我国人口年龄结构经历了从年轻型向老年型的转变。图1.1根据我国六次人口普查数据，展示了不同时期我国人口的年龄金字塔分布。① 如图所示，期间我国人口年龄结构从三角形向纺锤形转变，人口年龄中位数持续上升，这说明人口年龄结构呈现老龄化发展的趋势。以老年抚养比，即 65 岁及以上老年人口占 15—64 岁劳动年龄人口的比重来看，我国人口年龄结构的老龄化速度逐渐加快。具体来说，1982—1999 年，老年抚养比从 8% 上升至 10.2%，17 年间上升 2.2 个百分点；而 2000—2017 年，老年抚养比从 9.9% 上升至 15.9%，17 年间上升 6 个百分点；特别地，老年抚养比的上升速度在 2010 年后明显加快。②

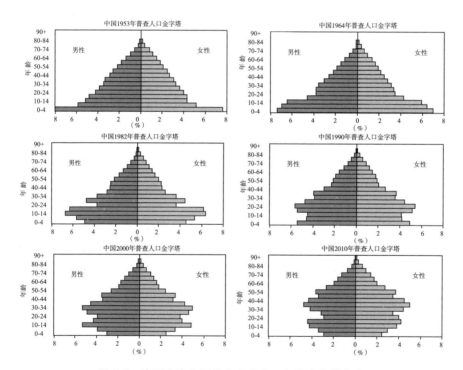

图 1.1 我国六次人口普查中的人口年龄金字塔分布

人口年龄结构的变动主要受新生人口、死亡人口和移民人口三方面

---

① 见 http://www.esri.go.jp/jp/prj/int_prj/2011/prj2011_01_02-1.pdf ［访问时间：2019-8-30］。

② 数据来自国家统计局。

因素影响。移民人口对我国人口年龄结构的影响有限,故人口年龄结构主要由前两方面的因素决定。如图 1.2 所示,自 1949 年以来,我国的人口出生率和死亡率整体呈下降走势。其中,出生率在 20 世纪 50—60 年代大体维持在 32‰—43‰ 的高位,在 70 年代从 1969 年的 34.3‰ 快速下降到 1979 年的 17.8‰,在 80 年代缓慢回升至 20‰ 以上,此后大体缓慢地持续下降至 2017 年的 12.4‰。死亡率在 20 世纪 70 年代以前总体下降明显,从 1949 年的 20‰ 大幅下降至 1969 年的 8.1‰,随后则大体保持在相对稳定的水平上。由于人口自然增长率是出生率与死亡率之差,因此得益于死亡率的下降,20 世纪 70 年代前我国的人口自然增长率有所上升,从 1949 年的 16‰ 增长到 1969 年的 26.2‰。此后,由于死亡率基本稳定,因此人口自然增长率大致上跟随出生率不断下降,到 2017 年时仅为 5.3‰。

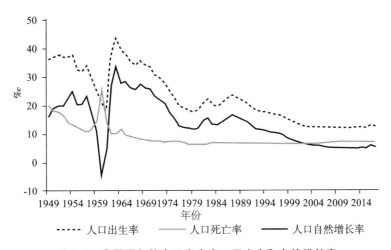

图 1.2 我国历年的人口出生率、死亡率和自然增长率

我国人口年龄结构的变化大致可以分为四大阶段。[①] 第一阶段是 20 世纪 50—60 年代。如图 1.1 中第一行的两幅人口金字塔所示,该阶段

---

① 张桂莲,王永莲. 中国人口老龄化对经济发展的影响分析 [J]. 人口学刊,2010(5):48-53.

的人口年龄结构明显呈现年轻型特点。随着 1949 年后我国经济发展和人民生活改善，该阶段人口死亡率明显下降，而生育率仍维持在高位，故新生儿数量超过人口老化速度，促使人口年龄结构年轻化程度有所提高。具体来说，相比于 1953 年的第一次人口普查，1964 年的第二次人口普查显示，全国人口中 0—14 岁群体的占比从 36.3% 上升至 40.4%，而 65 岁及以上者的比例则从 4.4% 下降至 3.7%。上述年轻化程度的提高大致持续到 70 年代。

第二阶段是 20 世纪 70—80 年代，表现为人口年龄结构转向成熟型。70 年代初，我国开始大力推行计划生育政策，并在 1982 年将其确定为基本国策。这使人口出生率在 80 年代大幅下降，并带动人口自然增长率下降。如图 1.1 中第二行的两幅人口金字塔所示，相比于前面两次人口普查，在 1982 年的第三次人口普查和 1990 年的第四次人口普查中，少儿占比持续减少，老年人占比则持续上升，金字塔开始从三角形向纺锤形变化。具体来说，0—14 岁群体在总人口中的占比在 1982 年和 1990 年分别为 33.5% 和 27.7%，而 65 岁及以上者的比例分别为 4.9% 和 5.6%。

第三阶段是 20 世纪 90 年代，表现为人口年龄结构从成熟型迈入老年型。随着改革开放的深入推进和由此带来的经济社会高速发展，该阶段人口出生率持续下降。鉴于死亡率仍维持在稳定水平，这导致人口自然增长率不断降低，人口年龄结构老化加快。根据目前普遍使用的联合国统计标准，老年型社会是指总人口中 65 岁及以上者占比超过 7% 的社会。而第五次人口普查数据显示，2000 年时我国该比重达到 7%，意味着人口年龄结构正式从成熟型迈入老年型。

第四阶段是 21 世纪以来的近二十年，表现为人口老龄化的加速发展。2000—2017 年，65 岁及以上老年人口在总人口中的占比从 7% 增长至 11.4%。其 17 年内 4.4 个百分点的增幅远高于 1982—1999 年这 17

年中从 4.9% 增长到 6.9% 的 2 个百分点的增幅。考虑到我国总人口仍在增长，老年人口比例的上升一定程度上被总人口增长抵消，故实际上，老年人数增长得更快。若以 60 岁及以上人口占总人口的比重计算，我国 2010 年人口老龄化程度相当于发达国家在 20 世纪 60 年代中叶的水平：2010 年我国 60 岁及以上人口占比为 13.3%；而 1965 年，60 岁及以上人口占比在美国为 13.5%，在英国为 17.6%，在日本为 9.6%，在法国为 17.6%，在瑞典为 18.3%，在澳大利亚为 12.2%，就发达国家和地区平均而言为 13.5%，与我国 2010 年的情况相近。

第二节　我国人口年龄结构的现状与特点

无论是与世界其他国家或地区的现状相比，还是与发达国家的历史发展情况相比，我国现阶段的人口年龄结构均表现出老年人口规模庞大、老龄化加速发展、"未富先老"和地区差异明显等鲜明特点。

首先，由于人口基数庞大，我国长期以来都是全球老年人口大国。以世界银行的世界发展指数（World Development Indicators，WDI）来看，1960 年我国的老年人口数已居世界第一。当年，我国 65 岁及以上老年人口总数为 2 471 万，而同时被归为老年人口数量第一梯队的另外三个国家分别是美国、印度和德国，其 65 岁及以上老年人口总数依次为 1 649 万、1 375 万和 835 万。也就是说，1960 年我国老年人口数量大约相当于排名第二的美国和排名第四的德国老年人口数量之和。2017 年，我国 65 岁及以上老年人口总数已达 1.5 亿，印度和美国则以 8 020 万和 5 020 万的老年人口规模紧随其后。同时我们可以看到，我国老年人口的规模超过了排名第二和第三的印、美老年人口数量之和。这说明，我国老年人口规模庞大的状态随时间不断加强。经过计算，图 1.3 展示了我国 65 岁及以上人口在全球中的占比，清晰地说明了这点。该图显示，我国老年人口在世界中的占比除在 20 世纪 60 年代前期经历小幅下降外，几乎始终保持上升趋势。总体而言，从 1960 年的 16% 增长到 2017 年的 23%。特别地，近十年中该比例的上升速度有所加快。因此，可以预期我国老年人口规模庞大的状态将长期持续。

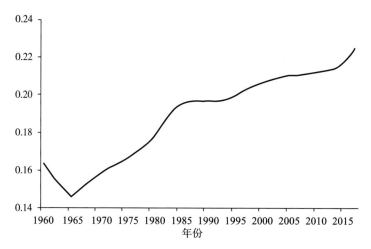

图 1.3　我国 65 岁及以上人口在世界中的占比变化

其次，我国老年人口在世界范围内占比不断攀升的原因不是其他国家或地区老年人口规模的减少，而在于我国老龄化进程的加速发展。利用世界发展指数对比 1960 年和 2017 年世界各个国家或地区 65 岁及以上人口占总人口的比值可以发现，加拿大和欧洲诸国长期以来都是人口老龄化程度较高的地区，美国、澳大利亚和中亚国家的人口老龄化程度有所减轻，日本、中国等东亚国家和巴西等南美国家的老龄化程度则有所加重。其中，日本是 1960—2017 年间老龄化程度加重最快的国家之一。图 1.4 对比了我国与日本 65 岁及以上人口占比的演变历史。如图所示，我国老年人口占比从 1960 年的 3.7% 上升至 2017 年的 10.6%，日本老年人口占比则从 1960 年的 5.6% 上升至 2017 年的 27%。总体而言，日本老龄化速度较我国更快。但分阶段来看，2015 年以前，日本老年人口占比的增速明显快于我国；2015 年以后，我国老龄化速度加快，老年人口占比的增长斜率超过了日本同期水平。

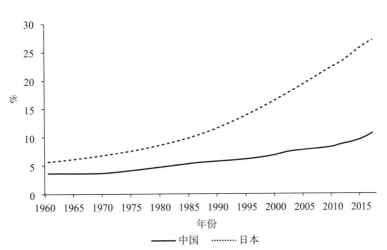

图 1.4　我国和日本 65 岁及以上人口占比变化历史对比

再次，我国人口老龄化具有"未富先老"的特征。根据世界发展指数可知，无论在 1960 年还是 2017 年，全球范围内老龄化程度较高的地区都主要是经济发展程度较高的地区。事实上，按照联合国关于老年型社会是指总人口中 65 岁及以上者占比超过 7% 的社会这一标准，大多数发达国家或地区进入老年型社会时人均 GDP 都在 1 万元以上。① 而我国老年人口占比在 2000 年达到 7% 时，人均 GDP 仅刚刚超过 1 000 美元。图 1.5 展示了 2000 年我国跨入老年型社会伊始，全球各个国家或地区 65 岁及以上老年人口占比与人均 GDP 之间的散点分布图。该图显示，总体而言，老年人口占比与人均 GDP 正相关，老年人口占比高于我国的绝大多数国家或地区都具有比我国更高的人均 GDP 水平。特别地，在我国 2000 年所处的老龄化水平，即 7% 的老年人口占比附近，我国的人均 GDP 水平最低。这说明，我国人口老龄化趋势具有"未富先老"的特征。

---

① 见 http://www.esri.go.jp/jp/prj/int_prj/2011/prj2011_01_02-1.pdf［访问时间：2019-8-30］。

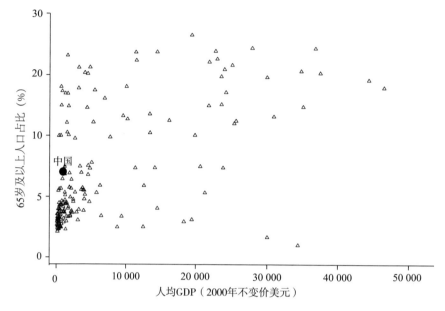

图 1.5 2000 年人均 GDP 与老年人口占比散点图

最后,我国人口老龄化的现状和变化趋势在不同地区存在明显差异。由于年轻人口的流动性相对较高,就城乡来看,农村人口老龄化问题较城市更为严重。在 1982 年的第三次人口普查数据中,我国农村地区 60 岁及以上人口占比为 7.8%,高于城镇地区 7.1% 的水平约 0.7 个百分点。在 2010 年的第六次人口普查数据中,该比例在农村地区达到 15%,而在城镇仅为 11.7%,农村高出城镇 3.3 个百分点。这说明与城镇相比,农村人口老龄化问题不仅形势更加严峻,而且发展速度更快。与此同时,根据将 80 岁以上人群视作高龄老人的传统定义,我国农村人口高龄化趋势也快于城镇。具体来说,在 1982 年的第三次人口普查数据中,我国农村高龄老人在老年人口中的占比为 6.5%,低于城镇的 7.2%;而在 2010 年的第六次人口普查数据中,农村高龄老人在老年人口中的占比已达 12%,高于城镇的 11.5%。这说明我国农村地区不仅面临更严峻的老龄化问题,还面临更严峻的高龄化问题。我国的人口老龄化问题除在城乡间存在差异外,在不同省市间也有所不同。图1.6展示了我国省级地区中65岁及以上人口的占比。显然,2000年第五次人口普查数据表明,人口年龄结构老化较严重的省市主要位于东部地区,如上海、浙江、江苏、北京、天津和山东;而人口年龄结构老化程度较低的省市主要位于西部地区,如甘肃、西藏、新疆、青海和宁夏。这说明,人口老龄化与经济社会发展程度有关,体现出地域间的不平衡。与经济发展水平一致地,我国的人口老龄化程度也由西向东阶梯式上升。事实上,不同地区进入老年型社会的时间点也不同。东部地区早在1992年就成为老年型社会,而中部地区和西部地区进入老年型社会的时间分别为2002年和2006年,滞后十余年。①

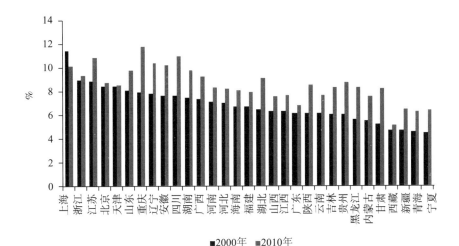

图1.6 65岁及以上人口占比在我国各省级地区间的分布

不过,图1.6也显示,第六次人口普查数据所发现的省际老年人口占比分布与第五次普查数据结果相比有很大不同。具体来说,2000年老年人口占比较低的省市至2010年时,其老年人口占比普遍有较大上

---

① 见http://www.esri.go.jp/jp/prj/int_prj/2011/prj2011_01_02-1.pdf［访问时间:2019-8-30］。

涨；而除江苏和山东外，2000 年老年人口占比较高的省市至 2010 年时，其老年人口占比的涨幅有限，甚至略有下降。这使重庆、四川和安徽等中西部省市与东部地区省市一起，进入老年人口占比较高的梯队，在整体层面上，使省际的老年人口占比差异有所拉平。但根据图 1.6，即使在 2010 年，仍存在老年人口占比在东部地区较高、而在西部地区较低的特征。

第三节　我国人口年龄结构的发展趋势

过去六十余年，我国经历了从高人口生育率到低生育率的转变，人口年龄结构快速老化，并在 2000 年后进入老年型社会。人口年龄结构是否会持续老化、其老化速度如何、各地区间人口老龄化趋势有何差异等问题成为制定人口政策和其他经济政策以应对人口年龄结构变迁挑战的重要议题。为预测未来人口年龄结构的发展趋势，需要基于当前人口结构数据，结合生育模式、死亡模式和迁移模式进行推算。由于相对于总人口而言，我国跨国人口迁移规模较小，因此未来人口年龄结构将主要取决于当前人口的生育率和死亡率。此外，考虑到生育和死亡模式在城乡间存在差异，因此未来的人口年龄结构还取决于城乡间的人口迁移率。

其中，出生人口预测数据主要取决于总和生育率。总体而言，我国的总和生育率呈下降趋势，从 20 世纪 70 年代的 5.81 降至 1980 年的 2.24 和 1985 年的 2.20，而在 2000 年第五次人口普查数据中，总和生育率仅为 1.22，其中城市地区为 0.87，农村地区为 1.43，两者均低于世界人口世代更替所要求的 2.1 这一生育率水平。[①] 人口学界对上述超低

[①] 杨光辉. 中国人口老龄化的发展趋势与特点 [J]. 中国人口科学, 2005 (S1): 155-159.

生育率的真实性存在争论。有学者认为,由于存在漏报等统计偏误,真实生育率高于人口普查的调查结果,2000年的总和生育率应在1.6—1.8之间。[①] 杜鹏等(2005)根据分年龄和性别的小学生在校人数统计数据,得出第五次人口普查数据中0—9岁人数应调增2 984万,2000年的总和生育率相应地需要调增至1.73。[②] 胡英等(2010)根据模拟结果得出2001—2009年的出生人口中存在平均16%的漏报率,2000年的人口漏报率为18%,因而总和生育率应在1.66左右。[③] 与之相反,另一些学者则认为,普查数据中的人口总和生育率反映了真实情况。因此,不同研究中对人口生育率的初始设定有所不同。但大多数人口预测模型中都对2000年1.22的生育率进行了一定的调增。例如,杨光辉(2005)设定初始人口总和生育率为乡村水平,即1.43。同时,不同研究对总和生育率未来走势的假定也有差异。具体来说,杨光辉(2005)考虑了人口总和生育率在2000—2065年间保持不变的简单情形。杜鹏等(2005)考虑到2005年后独生子女一代普遍进入生育期,且根据政策可生育二胎,因此假设总和生育率先从2000年的1.73降至2005年的1.7,后上升至2010年的1.8,并在2010—2100年间保持不变。胡英等(2010)则考虑了生育率变化的高、中、低三种不同方案。其中,中方案按照当年生育政策,考虑在单独二孩政策下,20世纪80年代出生人口进入生育高峰后可以生育二胎,假设城镇家庭平均拥有1.5个孩子,乡村家庭平均拥有2个孩子,那么总和生育率将从2000年的1.66逐步上升至2030年的1.8,并在2030—2050年间保持不变。在低方案下,假设生育率在现有水平下按照发达国家的规律逐渐下降,即先下降

---

① 于学军. 对第五次全国人口普查数据中总量和结构的估计 [J]. 人口研究, 2002, 26 (3): 9-15.
② 杜鹏, 翟振武, 陈卫. 中国人口老龄化百年发展趋势 [J]. 人口研究, 2005, 29 (6): 90-93.
③ 胡英, 蔡昉, 都阳. "十二五"时期人口变化及未来人口发展趋势预测 [M] // 蔡昉. 人口与劳动绿皮书. 北京: 社会科学文献出版社, 2010: 48-77.

至 2030 年的 1.4，再保持不变至 2050 年。高方案则考虑到全面放开二孩的可能，假设在 2030 年总和生育率能恢复到满足世代更替的 2.1 水平，即在 2000—2030 年间生育率逐渐上升，随后保持在 2.1 至 2050 年。更进一步地，胡英等（2010）还分别设定了三种模式下我国城乡人口的生育率变化，其具体设定情况如表 1.1 所示。

表 1.1 胡英等（2010）对 2000—2050 年间我国人口生育率的设定方案

各时期年份	低方案			中方案			高方案		
	全国	城镇	乡村	全国	城镇	乡村	全国	城镇	乡村
2001—2005 年	1.66	1.22	2.09	1.66	1.22	2.09	1.66	1.22	2.09
2006—2010 年	1.65	1.20	2.10	1.66	1.20	2.11	1.66	1.21	2.11
2011—2015 年	1.60	1.18	2.02	1.68	1.26	2.10	1.74	1.37	2.10
2016—2020 年	1.54	1.16	1.93	1.72	1.33	2.10	1.84	1.59	2.10
2021—2025 年	1.48	1.13	1.83	1.75	1.40	2.10	1.95	1.80	2.10
2026—2030 年	1.42	1.11	1.74	1.79	1.48	2.10	2.06	2.02	2.10
2031—2035 年	1.40	1.10	1.70	1.80	1.50	2.10	2.10	2.10	2.10
2036—2040 年	1.40	1.10	1.70	1.80	1.50	2.10	2.10	2.10	2.10
2041—2045 年	1.40	1.10	1.70	1.80	1.50	2.10	2.10	2.10	2.10
2046—2050 年	1.40	1.10	1.70	1.80	1.50	2.10	2.10	2.10	2.10

在死亡率方面，如图 1.2 所示，1949 年以来我国死亡率整体呈下降趋势，现已达到稳定水平。具体来说，1954 年我国的人口死亡率为 13.18‰，1957 年下降至 10.8‰，在经历三年自然灾害时期的短暂上升后，1965 年再次降至 10‰以下，改革开放以来基本维持在 6‰—7‰这一水平。2000 年第五次人口普查数据显示，我国人口死亡率为 5.92‰，其中城镇和农村人口的死亡率分别为 2.69‰和 6.88‰。由于各年龄组的死亡率现已基本稳定，影响人口年龄结构的死亡率参数主要是预期寿命。2000 年第五次人口普查数据显示，当年我国人口的平均预期寿命

是 71.4 岁,其中男性为 69.63 岁,女性为 73.33 岁。当然,随着我国社会经济发展,未来的人口预期寿命还将延长,但不同研究做出的假设同样存在差异。杨光辉(2005)假设未来全国各年龄段的人口死亡率都将达到城镇居民水平。因此,他考虑了 2000—2065 年间各年龄段死亡率等于第五次人口普查中城镇居民相应年龄段死亡率的简单情形。杜鹏等(2005)根据各国的经验数据和联合国相关预测假设,2000—2100 年间,我国男性人口的平均预期寿命在 2050 年时将达到 74.4 岁,女性将达到 79.4 岁;而在 2100 年时男性和女性的预期寿命将分别达到 80.0 岁和 85.6 岁。胡英等(2010)则考虑了预期寿命的高、中、低三种情景。其中,低限为每年增长 0.6 岁,至 2050 年全国人口平均预期寿命为 79.4 岁,即联合国对我国的预期寿命的目标值。而中限和高限则分别假设 2050 年全国人口平均预期寿命为 82.3 岁和 84.7 岁。同时,其对预期寿命的预测还区分了城乡和性别。具体而言,胡英等(2010)对我国人口预期寿命的设定如表 1.2 所示。

表 1.2 胡英等(2010)对 2000—2050 年间我国人口预期寿命的设定方案

		全国			城镇			乡村		
		合计	男	女	合计	男	女	合计	男	女
2000 年	低限	71.4	69.6	73.3	75.2	73.0	77.3	69.6	68.0	71.4
	中限	71.4	69.6	73.3	75.2	73.0	77.3	69.6	68.0	71.4
	高限	71.4	69.6	73.3	75.2	73.0	77.3	69.6	68.0	71.4
2010 年	低限	73.8	71.8	76.0	77.1	74.7	79.3	72.6	70.7	74.7
	中限	74.2	72.1	76.4	77.2	74.8	79.4	72.7	70.7	74.8
	高限	74.5	72.4	76.8	77.7	75.3	79.9	72.7	70.8	74.9
2020 年	低限	75.4	73.6	77.4	78.4	76.1	80.5	75.1	73.5	76.9
	中限	76.5	74.5	78.6	79.0	76.7	81.1	75.6	73.8	77.5
	高限	77.5	75.5	79.6	80.1	77.9	82.1	76.0	74.1	78.0

(续表)

		全国			城镇			乡村		
		合计	男	女	合计	男	女	合计	男	女
2030年	低限	77.0	75.2	78.7	79.6	77.3	81.5	76.7	75.1	78.4
	中限	78.7	76.7	80.7	80.6	78.4	82.6	77.8	76.1	79.7
	高限	80.2	78.3	82.2	82.5	80.3	84.3	78.9	77.1	80.8
2040年	低限	78.3	76.4	80.1	80.6	78.3	82.5	78.0	76.3	79.8
	中限	80.6	78.6	82.6	82.1	79.8	84.0	79.8	77.9	81.7
	高限	82.6	80.5	84.6	84.5	82.2	86.3	81.5	79.5	83.4
2050年	低限	79.4	77.6	81.5	81.5	79.1	83.5	79.3	77.5	81.2
	中限	82.3	80.3	84.4	83.4	81.1	85.4	81.6	79.6	83.5
	高限	84.7	82.5	86.6	86.3	84.0	88.2	83.6	81.5	85.6

在人口城乡迁移方面，一些现有研究在全国整体层面进行人口总量与年龄结构预测，从而将人口迁移所导致的生育行为和死亡模式变化融合在对全国平均生育率和死亡率的预测中，简化了对人口城乡迁移的刻画，如杨光辉（2005）和杜鹏等（2005）。还有一些研究，如胡英等（2010），突出城乡人口间生育率和死亡率的持续差异，分别刻画城乡总和生育率和预期寿命，并通过预测城乡间人口迁移，计算全国总体层面的总和生育率和预期寿命。以城镇人口占总人口之比为衡量指标，2000年我国的城镇化率为36.2%，至2009年已达46.6%。胡英等（2010）根据我国21世纪初城镇化的演变历史，参照未来经济与社会发展目标，对城镇化率发展趋势做出两种情景预测。具体来说，第一种情景假设2030年的城镇化率达到60%，随后按相同速度增长至2050年。在该情景下，2010年城镇化率为47%，2020年为55%，这与我国对该时期设定的经济社会发展目标一致。第二种情景则假设2030年的城镇化率达到65%，随后按相同速度增长至2050年。该情景考虑了2009年

中央经济工作会议提出的放宽中小城市户籍限制的措施，故将城镇化年增速调增0.5个百分点。表1.3展示了胡英等（2010）对我国2000—2050年间城镇化水平发展的具体预测。

表1.3 胡英等（2010）对2000—2050年间我国城镇化水平的设定方案

各时期年份	年均增长速度（%）		年均增加幅度（百分点）	
	城镇化水平Ⅰ	城镇化水平Ⅱ	城镇化水平Ⅰ	城镇化水平Ⅱ
2001—2005年	4.13	4.13	1.4	1.4
2006—2010年	2.52	2.65	0.9	1.0
2011—2015年	2.10	2.63	0.8	1.0
2016—2020年	1.67	2.02	0.7	0.9
2021—2025年	1.32	1.56	0.6	0.8
2026—2030年	1.08	1.24	0.6	0.7
2031—2035年	0.88	0.99	0.5	0.7
2036—2040年	0.68	0.74	0.5	0.6
2041—2045年	0.44	0.48	0.5	0.6
2046—2050年	0.21	0.23	0.4	0.5

尽管不同研究在预测我国未来人口规模和年龄结构时考虑的情景与设定的参数有所差异，但他们都较为一致地认为，我国未来的人口规模将先增加、后减少。具体来说，杨光辉（2005）认为人口规模峰值出现在2020年，达到13.8亿，随后减少至2050年的11.4亿，再减少至2065年的9.1亿；杜鹏等（2005）认为人口规模峰值出现在2025年，达到14.5亿，随后减少至2050年的13.7亿，再减少至2100年的10.5亿。胡英等（2010）则通过设定三种生育率方案、三种预期寿命方案和两种城镇化方案，考虑了多种人口预期情景。在低或中生育率方案下，他们预测的人口规模峰值出现在2025—2030年，达到13.9亿—

14.3亿，随后减少至2050年的12.5亿—13.8亿；而在高生育率方案下，他们预测的人口规模峰值将推迟到2045年出现，达到14.9亿左右，随后减少至2050年的14.8亿—14.9亿。

与此同时，不同研究也较为一致地提出，我国老年人口数量将较快增长，少儿人口数量将逐渐下降，从而在2010—2050年间经历较急剧的人口老龄化。根据杨光辉（2005）的预测，我国14岁及以下人口的占比将从2000年的22.85%几乎持续地下降至2050年的10.95%，随后缓慢降至2065年的10.2%；65岁及以上人口的占比则将从2000年的7.09%持续上升至2050年的28.22%，再缓慢增加至2065年的30.82%。杜鹏等（2005）则预测14岁及以下人口的占比持续下降至2035年的15%，至2050年时缓慢回升至15.4%，随后再缓慢下降至2100年的14.7%；65岁及以上人口的占比则几乎将持续上升，至2050年达到23.2%，至2100年达到27.5%。根据胡英等（2010）的预测，在生育率和死亡率均为中方案且城镇化发展为第一种方案的情景下，14岁及以下人口的占比将持续下降至2046—2050年的13.71%，65岁及以上人口的占比则将持续上升至2046—2050年的27.19%。同样在该情景下，预测结果显示老年人口将从主要在乡村向主要在城镇转变。具体来说，2009年全国1.13亿65岁及以上人口中，0.43亿在城镇，0.7亿在乡村；而2050年全国65岁及以上人口将达到3.82亿，其中2.62亿在城镇，1.2亿在乡村。图1.7显示，根据胡英等（2010）的预测，我国65岁及以上人口年均增量最高的时期是2031—2035年，期间将年均增长1 150万。同时，2020年以前，城乡每年新增65岁及以上的人口规模相近；但此后，乡村老年人口年均增长规模总体呈下降趋势，而城镇老年人口年均增长规模总体呈上升趋势。

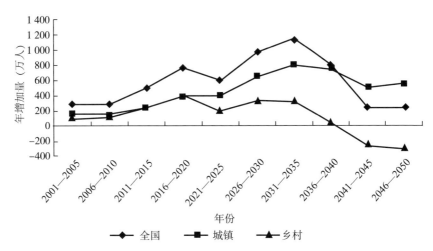

图 1.7 胡英等（2010）对各时期我国 65 岁及以上人口年均增量的预测

综上所述，基于不同发展情景的人口预测研究一致显示，我国人口规模总体将按照先增后降的规律演变。期间老年人口规模将总体呈上升趋势，少儿人口规模将总体呈下降趋势，导致人口年龄结构老龄化。其中，2050 年之前是人口老龄化相对高速发展的时期。因此，探究人口年龄结构变迁对经济社会发展的影响，特别是对产业结构和地区间经济增长收敛表现造成的冲击和作用机制，具有重要的现实和理论意义。

第二章

人口年龄结构对产业结构的影响路径

本章旨在从理论上刻画人口年龄结构对产业结构的影响路径,并利用我国家庭层面的微观数据为上述路径提供经验证据。人口年龄结构影响产业结构的理论机制包括需求面和供给面两条渠道。其中,需求面渠道是指由于消费者对不同产业商品的支出结构在生命周期中存在特定的变化规律,因此人口年龄结构变化会对产业间的相对需求造成冲击。供给面渠道则刻画了劳动者在不同产业间的相对就业概率与其年龄之间的关系,通过将不同年龄的劳动者视为异质性生产要素,反映了要素相对供给变化对产业结构造成的冲击。利用我国家庭层面的微观数据,实证分析结果表明,工业品与服务业品之间的相对支出规模随消费者年龄增长而递减,而劳动者在服务业相对工业部门的就业概率则随年龄增长而递增。这说明,人口年龄结构对产业结构具有需求面和供给面影响机制。有关经验证据也将为在后续章节中构建和拓展包含人口年龄结构的产业结构转型模型提供关键依据。

第一节 需求面和供给面影响路径

一、经济增长理论中的人口年龄结构因素

探究经济增长的源泉一直是宏观经济学的一项重要研究议题。根据目前经典的增长理论，经济增长的源泉主要包括生产率进步、人力资本积累、制度与治理水平提升、宏观与贸易政策改善以及在产业结构变迁过程中的资源配置效率优化。作为对以上增长源泉的重要补充，自20世纪90年代以来，随着"人口红利"（demographic dividend）理论的提出，人口年龄结构对经济增长的重要影响不仅得到大量实证研究的证实，也在一系列经济增长模型中得到刻画，成为解释经济增长表现的主要因素之一。现有文献基于生命周期视角，指出不同年龄段的人口在需求特征和生产能力方面存在差异，人口年龄结构变化将通过改变居民的消费与储蓄决策、劳动力供给数量和生产率水平等渠道，影响经济增长表现。[1]

关于人口年龄结构与储蓄率的关系，抚养比理论和生命周期理论存在长期争论。[2] 抚养比理论认为，由于生育率上升和死亡率下降将推高人口抚养比，因此人口年龄结构年轻化将刺激消费，抑制储蓄。生命周期理论则认为相比于老年人，年轻人是主要的储蓄人口，因而人口年龄结构年轻化将增加储蓄，减少消费。有关人口年龄结构与储蓄率关系的实证研究同样存在分歧，既有经验证据支持抚养比理论，也有证据支持生命周期理论。但剖析这两支理论的前提假设不难发现，它们的主要交锋点在于分别着眼于消费者生命周期不同阶段中的储蓄决策：抚养比理论着眼于抚育期，故而强调人口年龄结构年轻化带来的抚育消费支出增长和随之而来的储蓄率下降；生命周期理论则着眼于抚育后的工作期，故而强调人口年龄结构年轻化带来的储蓄意愿上升。正如后来的"可变增长率效应"（variable rate-of-growth effect）模型[3]所强调的，人口年龄

---

[1] Bloom, D. E., Canning, D., Fink, G. Implications of population ageing for economic growth [J]. *Oxford Review of Economic Policy*, 2010, 26（4）：583-612.

[2] Higgins, M., Williamson, J. G. Age structure dynamics in Asia and dependence on foreign capital [J]. *Population and Development Review*, 1997, 23（2）：261-293.

[3] Fry, M. J., Mason, A. The variable rate-of-growth effect in the life-cycle saving model [J]. *Economic Inquiry*, 1982, 20（3）：426-442.

结构变化造成了生命周期中消费与储蓄阶段的相对转移。人口年龄结构年轻化导致储蓄被相对地推后，因此其对储蓄率的影响取决于抚育期内储蓄率的降低和抚育期后储蓄率的上升，而后者又取决于未来的经济发展水平。因此，人口年龄结构对储蓄率的影响包括"水平效应"和"增长效应"两部分，其净效果取决于两者的相对规模。

人口年龄结构对居民消费行为的影响主要由生命周期理论和持久收入理论刻画。这两种理论认为，居民的消费决策取决于其一生的持久性收入水平。但在实证研究中，以上假说并未获得一致性的支持。例如，由于已进入收入下降的生命周期阶段，并且持久收入水平也逐渐减少，无论根据生命周期还是持久收入理论，老年人应减少储蓄，增加消费。但有研究发现[①]，老年人的财富不减反增，说明他们是净储蓄者。这些研究认为，遗赠和审慎动机是导致老年人储蓄的主要原因。还有研究发现[②]，尽管人在短期内会表现出平滑消费的动机，但在长期中，收入和消费却高度相关，说明消费在很大程度上仍受即期收入的影响。这可能是由于流动性约束、短视效应或"缓冲储存"（buffer stock）等原因。利用我国家庭微观数据开展的实证研究在人口年龄结构与消费水平的关系方面也存在结论分歧。首先，尽管许多研究都发现少儿抚养比和老年抚养比对居民消费水平的影响效果不同，但它们揭示出的具体区别存在差异。具体来说，有研究发现少儿抚养比对消费率具有显著的负向影响，而老年抚养比则正好相反；也有研究发现，少儿抚养比对消费率有显著的负向影响，但老年抚养比的作用不显著；还有研究发现，两种抚养比

---

① Lydall, H. The life cycle in income, saving, and asset ownership [J]. *Econometrica*, 1955, 23 (2): 131-150. Menchik, P. L., David, M. Income distribution, lifetime savings, and bequests [J]. *American Economic Review*, 1983, 73 (4): 672-690. Mirer, T. W. The wealth-age relation among the aged [J]. *American Economic Review*, 1979, 69 (3): 435-443.

② Carroll, C. D., Summers, L. H. Consumption growth parallels income growth: Some new evidence [M]//Bernheim, B. D., Shoven, J. B. *National Saving and Economic Performance*. University of Chicago Press, 1991: 305-348.

的作用均为负。① 其次，即使针对同一抚养比指标，实证研究关于其对消费的影响也存在分歧。例如，有研究发现，由于存在习惯形成，少儿抚养比对消费率具有显著的正向影响；但也有研究认为，高等教育支出加强了家庭的预防性储蓄动机，削弱了少儿抚养比对消费的刺激作用。②

人口年龄结构变化还直接影响劳动力供给。传统理论认为，人口老龄化带来劳动力供给下降，从而有损于经济增长。但近年来，预期寿命和死亡率改善对缓解老龄化负向冲击的作用得到重视。相关研究强调，人口老龄化对劳动力供给的影响首先取决于生物医药技术变革，因为其能够影响预期寿命面临的生理极限；其次取决于老年人健康水平的变化趋势，因为其能够影响他们的生活质量和劳动供给决策；再次还取决于医疗保健技术和保障制度的发展，因为其能够预防老龄化带来的健康威胁，进而影响人们的预期。③ 不过，预期寿命对老年期劳动力供给决策的影响可能与个人能力有关。现有理论研究表明，低能力个体在预期寿命延长时不增加老年期的劳动力供给，高能力个体则增加劳动力供给。④ 老年期劳动供给决策的改变影响退休阶段在生命周期中的相对长度，从而能通过改变生育决策对更长时期内的劳动力供给水平造成影响。特别地，由于高能力个体的工作时间相对延长，预期寿命增加可能

---

① 李文星，徐长生，艾春荣. 中国人口年龄结构和居民消费：1989—2004 [J]. 经济研究，2008，7：118-129. 王德文，蔡昉，张学辉. 人口转变的储蓄效应和增长效应 [J]. 人口研究，2004，5：2-11. 王金营，付秀彬. 考虑人口年龄结构变动的中国消费函数计量分析——兼论中国人口老龄化对消费的影响 [J]. 人口研究，2006，30 (1)：29-36.

② Horioka, C. Y., Wan, J. The determinants of household saving in China: A dynamic panel analysis of provincial data [J]. *Journal of Money, Credit and Banking*, 2007, 39 (8): 2077-2096. 杨汝岱，陈斌开. 高等教育改革、预防性储蓄与居民消费行为 [J]. 经济研究，2009，8：113-124.

③ Lee, R., Skinner, J. Will aging baby boomers bust the federal budget? [J]. *Journal of Economic Perspectives*, 1999, 13 (1): 117-140.

④ Mizuno, M., Yakita, A. Elderly labor supply and fertility decisions in aging-population economies [J]. *Economics Letters*, 2013, 121 (3): 395-399.

提高其生育意愿，使得劳动力供给持续地增加。因此，人口老龄化对劳动力供给的影响并不必然是负向的。

由于人口年龄结构与消费者的就业、消费和储蓄决策有关，许多研究通过假定各年龄组具有固定的行为特征以预测人口变化趋势对经济增长的影响。其中，主要的研究方法有两种。第一种是传统的回归分析，本质上是基于历史数据刻画年龄结构与就业、消费和储蓄之间的关系，再结合人口预测数据进行外推。但由于这种做法缺乏理论框架的支持，所以难以揭示年龄结构影响经济增长的具体机制。第二种方法则基于CGE（computable general equilibrium）模型。这又包括从供给面和需求面刻画人口年龄结构这两个类别。其中，从供给面出发的做法大多在消费者同质性假设下考察老龄化对劳动力供给的影响；而从需求面出发的做法则考虑消费者需求结构的异质性以构建DRC-CGE模型（其中DRC指computable general equilibrium，可计算一般均衡模型），利用投入-产出关系估算人口年龄结构对经济增长的影响。① 近年来，理论模型的发展尝试将供给和需求两方面的作用机制同时纳入考量，形成了模拟人口年龄结构变化对经济增长影响的相对完整的理论框架。②

二、人口年龄结构对产业结构的影响和供求面机制

虽然以往研究基于不同的理论视角和经验证据，揭示出人口年龄结构与劳动供给、居民消费、储蓄决策及经济增长的联系，但其关注点仍主要停留在宏观层面，而没有就不同产业面临的效果差异进行充分讨

---

① Mao, R., Xu, J., Zou, J. The labor force age structure and employment structure of the modern sector [J]. *China Economic Review*, 2018, 52: 1–15.

② Golley, J., Tyers, R. Population pessimism and economic optimism in the Asian Giants [J]. *World Economy*, 2012, 35 (11): 1387–1416. Golley, J., Tyers, R., Zhou, Y. Fertility and savings contractions in China: Long-run global implications [J]. *World Economy*, 2018, 41 (11): 3194–3220. Tyers, R., Shi, Q. Demographic change and policy responses: Implications for the global economy [J]. *World Economy*, 2007, 30 (4), 537–566.

论。事实上，人口年龄结构对经济总量的影响可能与产业层面上的影响完全不同。例如，利用美国消费支出调查数据（Consumer Expenditure Survey）的实证研究发现，加总层面上，退休后个人消费总支出会下降16%；但分产业研究发现，支出下降主要集中在食品、衣着、交通等与工作需求有关的领域，而在其他领域中，消费支出几乎保持不变，甚至还有所增加。① 还有实证研究利用投入-产出模型，估算了我国居民八大类消费支出受人口年龄结构变化的影响，发现各产业面临的冲击效应明显不同。② 这些实证文献说明，如果在研究人口年龄结构的影响时忽视产业间的差异，那么结论往往容易面临"加总谬误"问题。

由于人口年龄结构对不同产业的影响存在差异性，当人口年龄结构变化时，产业结构也可能随之改变。具体来说，人口年龄结构对产业结构的影响机制主要包括需求面和供给面两条作用渠道。在需求面上，人口年龄结构变化可能导致不同产业的需求规模经历不同的改变。这是因为人口年龄结构决定了消费者中不同年龄群体的构成，而在现有实证研究中③，各类产品消费支出存在不同的生命周期分布，这意味着不同年龄消费者的支出结构不同，因此当人口年龄结构变化时，消费者年龄构成的变化将导致不同产业的相对需求规模相应改变。在供给面上，人口年龄结构变化可能导致不同产业的生产过程面临不同规模的要素成本冲击。这是因为不同年龄的劳动者实质上是异质性的生产要素，当人口年龄结构变化时，他们的相对工资将发生改变，根据有关实证文献，不同

---

① Aguiar, M., Hurst, E. Deconstructing life cycle expenditure [J]. *Journal of Political Economy*, 2013, 121 (3): 437-492. Hurst, E. The retirement of a consumption puzzle [R]. National Bureau of Economic Research, 2008. Laitner, J., Silverman, D. Estimating life-cycle parameters from consumption behavior at retirement [R]. National Bureau of Economic Research, 2005.

② 倪红福，李善同，何建武. 人口结构变化对经济结构的影响——基于投入产出模型的分析 [J]. 劳动经济研究，2014，3：63-76.

③ Aguiar, M., Hurst, E. Deconstructing life cycle expenditure [J]. *Journal of Political Economy*, 2013, 121 (3): 437-492.

产业中劳动者的年龄构成不同[①]，因此当人口年龄结构变化时，集中使用相对工资上升年龄段的劳动力的产业会相对面临负向冲击，而集中使用相对工资下降年龄段的劳动力的产业会相对面临正向冲击，由此可能产生产业结构转型。

与现有文献中关于人口年龄结构与就业选择、消费行为、储蓄决策等变量之间关系的分析相比，本章通过强调产业异质性，对人口年龄结构对产业结构的影响进行了专门讨论，并从理论模型和实证检验两个角度专门分析了其中需求和供给两方面的作用途径。本章将使用我国家庭层面的微观数据进行实证研究，根据相关发现构建包含人口年龄结构因素的多部门经济增长模型，形成分析人口年龄结构对产业结构影响的基准框架。为与传统产业结构转型理论保持一致，本章将产业结构定义为农业、工业和服务业三大部门就业人员的构成。在三大产业的意义上，老年人消费支出中服务业的比例一般较高，因此从需求面的作用机制分析，人口老龄化可能导致服务业相对于工业的需求规模上升，从而增加服务业的就业比例。站在供给面的角度上，由于工业部门往往使用相对较多的青年劳动力投入要素，人口老龄化过程中青年劳动力工资的相对上涨可能对工业部门产生较大的负向冲击，从而迫使工业就业份额下降。此外，通过改变不同年龄劳动者的相对收入水平，人口年龄结构还可能在影响供给面的同时对需求面产生影响，从而通过供给面-需求面的交互机制对产业结构产生影响。以下小节将首先通过实证分析为理论模型的有关假说提供经验证据，进而将需求面、供给面和两方面的交互作用机制融入经济增长模型，在理论上刻画人口年龄结构对产业结构的影响机理，最后结合我国的人口预测数据，为人口老龄化趋势下的产业结构和经济增长前景提供预判分析。

[①] Skirbekk, V. Age and productivity capacity: Descriptions, causes and policy options [J]. *Ageing Horizons*, 2008, 8: 4-12.

第二节 实证研究方法与模型设定

一、识别人口年龄结构对产业结构的需求面影响路径

人口年龄结构能够在需求面上影响产业结构，主要是由于不同年龄消费者的偏好结构存在差异，致使在人口年龄结构变化时消费者群体的年龄构成相应改变，进而对不同产业的需求规模造成异质性冲击，形成产业结构转型。揭示消费者支出结构变化的生命周期特征，是识别人口年龄结构对产业结构需求面影响途径的关键。本章将利用我国家庭层面的微观调查数据为此提供经验证据。在绝大多数的家庭数据中，消费支出是在家庭而非个人层面上进行统计的。为了刻画消费支出结构的生命周期分布特征，就必须以不同年龄消费者的个人支出信息为前提。文献中一种普遍的做法是，用户主年龄作为代理变量，衡量家庭整体所处的生命周期阶段。[①] 但这实际上忽视了家庭内部成员之间的年龄差异，可能导致所估算的生命周期显得"扁平化"。[②] 因此本章另辟蹊径，通过最佳线性预测法[③]将家庭的各项消费支出金额根据家庭内成员的年龄分布分解为个人支出，从而可以计算出各年龄消费者的各项平均支出，得到他们的消费支出结构。

具体来说，令 E 为家庭在某种产品上的消费支出，E_j 为该家庭第 j 名成员在这种产品上的支出。假设成员 j 的支出与其年龄存在线性关系：

[①] Aguiar, M., Hurst, E. Deconstructing life cycle expenditure [J]. *Journal of Political Economy*, 2013, 121 (3): 437–492. Foot, D. K., Gomez, R. Population ageing and sectoral growth: The case of the UK, 2006–2026 [J]. *Oxford Journal: An International Journal of Business & Economics*, 2014, 5 (1): 85–94.

[②] Deaton, A., Paxson, C. Growth and saving among individuals and households [J]. *Review of Economics and Statistics*, 2000, 82 (2): 212–225.

[③] Mankiw, N. G., Weil, D. N. The baby boom, the baby bust, and the housing market [J]. *Regional Science and Urban Economics*, 1989, 19 (2): 235–258.

$$E_j = \alpha_0 DUMMY0_j + \alpha_1 DUMMY1_j + \cdots + \alpha_{80} DUMMY80_j + e_j, \quad (2.1)$$

其中，$DUMMYi_j$ 是刻画第 j 名家庭成员年龄的虚拟变量。当个体 j 的年龄为 i 时，相应的年龄虚拟变量取值为 1，即 $DUMMYi_j = 1$，其他的年龄虚拟变量则取值为 0。在以上表达式中，没有对 80 岁及以上的家庭成员按照年龄做进一步细分，而是统一用 $DUMMY80_j$ 加以刻画。如此处理主要是考虑到样本中 80 岁及以上消费者的占比较低，如果再继续细分其中不同年龄的个体，容易因为样本量过少而产生估计偏误。

在（2.1）式中，年龄为 i 的家庭成员 j 对该种产品的消费支出是 $\alpha_i + e_j$。其中，α_i 表示所有年龄为 i 的消费者群体中，代表性个体在该产品上的支出；e_j 表示该群体中某个特定个体 j，由于收入、财富、社会地位和偏好等方面[①]与代表性个体存在差异，致使其消费支出与代表性个体的支出水平相比有所偏差。在数学上，e_j 等于一个均值为 0 的扰动项。

如果某家庭共有 N 名成员，每位家庭成员的消费支出如上所述，则家庭总支出应是所有成员支出之和，即：

$$E = \sum_{j=1}^{N} E_j. \quad (2.2)$$

将（2.1）式代入（2.2）式，即得到了家庭层面的消费支出与家庭所有成员年龄分布之间的关系式。通过将家庭支出对成员年龄对应的虚拟变量进行最小二乘回归，可以估算出年龄为 i 的代表性个体在该产品上的支出 α_i。这就是在最佳线性预测的意义下，家庭消费支出中分解获得的年龄为 i 的个体的平均支出。可以根据（2.1）和（2.2）式，按照生命周期将所有的 α_i 作图，得到消费者生命周期中该产品项上的消费支出分布。如果消费者的效用函数是柯布－道格拉斯（Cobb-Douglas）形式的，则对年龄为 i 的代表性消费者而言，某种产品上的 α_i 与所有产

---

① Friedman, M. *Theory of the Consumption Function* [M]. Princeton University Press, 1957.

品上 α_i 之和相比，就体现了偏好结构中对各类产品赋予的权重。

我国现有的家庭微观调查数据一般均参照国家统计局对居民消费支出的分类方法，在统计数据时将消费支出分成食品、衣着、居住、家庭设备及日用品、医疗保健、交通通信、文教娱乐以及其他等八大类。进一步将这八大类消费支出归入农业、工业和服务业三大部门，可以考察人口年龄结构在需求面上对劳动力在三次产业间转移的影响。鉴于"其他"类商品在消费支出中的占比很小，涵盖的产品又较为庞杂，因此这部分支出将不被归入三次产业中的任何部门，以简化归类步骤。对其他的七大类消费支出，国家统计局在《城镇住户调查方案》中给出了每种消费支出下各细分项与服务性消费支出之间的对应关系[①]，可以根据服务性消费支出的定义公式摘选出相关细项。农业部门的消费性支出等于食品类消费在扣除其中的服务性消费支出后所剩余的部分；其他六类消费性支出在扣除其中的服务性消费支出后，所剩部分将全部算作工业部门的消费性支出。通过以上归类计算，《城镇住户调查数据》中显示，居住、衣着、家庭设备及日用品和医疗保健这四项支出主要是工业部门消费性支出，而交通通信和文教娱乐这两项支出主要是服务业部门消费性支出。[②] 显然，不同家庭在各种支出上涉及三次产业的比重有所差别，为了便于计算，本章将这六大类消费中的前四项支出全部归入工业部门，而将后两项支出全部归入服务业部门。

二、识别人口年龄结构对产业结构的供给面影响路径

人口年龄结构对产业结构的供给面影响途径是指，鉴于不同年龄的

[①] 根据定义，服务性消费支出＝食品加工服务费用＋在外饮食业×50%＋衣着加工服务费＋家庭服务＋医疗费＋交通工具服务支出＋交通费＋通信服务＋文化娱乐服务费＋教育费用＋房租＋自有房租折算＋住房装潢支出×40%＋居住服务费＋杂项服务费。

[②] Mao, R., Xu, J. Population aging, consumption budget allocation and sectoral growth [J]. *China Economic Review*, 2014, 30: 44-65.

劳动力在生产过程中实为异质性投入要素，且不同部门生产函数中对各类劳动力的依赖程度存在差异，当人口年龄结构变化时不同年龄劳动力之间的相对价格相应改变，由此对不同产业造成异质性的供给面冲击，形成产业结构转型。识别人口年龄结构对产业结构的供给面影响路径的关键，在于揭示不同产业中各年龄劳动力的构成差异。为此，首先需要计算各年龄段劳动力在不同产业中的分布比例情况，借此绘制出劳动力产业选择的生命周期曲线。其次，根据以下计量模型，可以估算获得年龄因素对劳动者产业选择的影响：

$$y_i = \beta_0 + \beta_1 \times age_i + \boldsymbol{\beta} \times \boldsymbol{x}_i + f_p + f_t + \varepsilon_i. \tag{2.3}$$

在（2.3）式中，下标 i 为个体编号，y 是一个虚拟变量，用以表征个体所处的行业。具体来说，可以在所有产业中选择一个产业作为基准，然后将其他产业用一组 y 加以表示，当个体选择其中的某个产业时，该产业对应的 y 取值为1，其他产业对应的 y 取值为0。因此，要估计（2.3）式，就需要利用多元 Logit 模型，从中获得个体年龄对其在任一产业与基准产业间选择概率的影响 β_1。在（2.3）式中，除个体年龄外，还对个体 i 在学历、性别、户籍、收入等方面的其他特征进行了控制，这些个体特征用向量 $\boldsymbol{x}$ 表示。此外，为了考虑遗漏变量对年龄效应系数可能产生的估计偏误，（2.3）式还控制了个体 i 所在省份和被调查年份对应的固定效应，分别记作 f_p 和 f_t。

要计算不同产业对各类劳动力的依赖程度，就需要利用工资信息算出不同产业支付给各类劳动力的工资份额。如果各产业的生产函数是柯布-道格拉斯的，那么工资份额就能反映不同劳动力的相对重要性。根据国家统计局的行业分类标准，我国目前的家庭微观调查数据中对劳动者所在行业的统计可以直接对应到三次产业。借此将不难计算出三次产业中不同年龄劳动力获得的工资收入以及在工资总额中的占比，从而刻画各个产业中不同劳动力的构成情况。

第三节 家庭微观数据及统计描述

一、家庭微观数据的来源与覆盖范围

本章主要使用两套我国的家庭层面微观数据，分别是中国家庭追踪调查（China Family Panel Studies，CFPS）和城镇住户调查数据（Urban Household Survey，UHS）。其中，CFPS数据覆盖25个省、市或自治区，主要记录了个人、家庭和社区三个维度上的经济与非经济活动信息，捕捉了我国的社会、经济、人口、教育和健康情况演变。在本章中，CFPS数据涉及2010、2012和2014三年，共包括42 059户家庭和169 906名个人。其中，家庭库中的消费支出数据和成人库中的就业行业数据在本章中被用来计算消费者在不同产业中的消费支出分布和各产业内不同劳动者的组成结构。本章同时还使用该数据库中的个体年龄、性别、学历、收入和户籍等个人信息，作为控制变量。考虑到CFPS数据涵盖了我国大部分地区的城镇和农村家庭，本章将主要使用这套数据作为研究的对象。

CFPS数据的主要缺陷是，其中不包含家庭八大类消费支出下各细分项目的支出金额，因此无法根据国家统计局《城镇住户调查方案》中服务性消费支出的定义公式，将消费支出归入三次产业。为了实现八大类消费与三次产业之间的对应，本章还使用城镇住户调查数据，作为对CFPS数据的补充。城镇住户调查数据由国家统计局城市社会调查总队在全国范围内调研搜集，本章使用的是18个省、市或自治区中2002—2009年间的数据资料，共计包括155 905户家庭。如果把对每个家庭不同年份的调查视为不同的观测值，那么共有294 422条家庭观测值。与这些家庭观测值相对应地，该数据中共有819 872条个人观测

值。城镇住户调查数据的统计对象包括稳定居住在城市市区和县城关镇区居委会行政区域内、拥有固定住宅的家庭，既包括了其中的非农业户和农业户，也包括了持有本地户口的家庭和在本地居住半年以上并持外地户口的家庭。由于城镇住户调查数据采用记账式的数据搜集方法，而不使用回忆式方法，因此相比于其他家庭微观调查数据，较为准确地记录了家庭的实际收支信息，具有质量优势。同时，根据城镇住户调查数据的抽样方案，样本至多三年就要进行轮换，这在一定程度上能够缓解样本老化问题。

二、消费支出和就业结构的统计描述

根据本章使用的 CFPS 数据，如图 2.1 显示，人口年龄结构在三年间的分布总体保持相似特征，主要表现为 20—50 岁之间呈现年龄峰值。这一结果与国家统计局第六次人口普查数据中的年龄分布情况相近，说明 CFPS 数据具有较好的全国人口代表性。[①] CFPS 数据对家庭在各类产品上的消费支出进行了统计，并与国家统计局保持一致，涵盖了食品、衣着、居住、家庭设备及日用品、医疗保健、交通通信、文教娱乐和其他等八大类产品。但如前文所述，该数据中未统计各类消费支出下的细项。

表 2.1 通过对 CFPS 样本数据中的消费信息进行描述统计，发现食品是我国家庭消费中的最大开支项目，该类产品消费支出的占比高达 1/3 以上。占比次之的是文教娱乐开支，比例为 15.4%。居住、家庭设备及日用品和医疗保健三方面的支出占比紧随其后，都维持在 10% 左右。不过，与均值水平相比，不同家庭在这三项上的消费支出都表现出相对较大的标准差，说明他们的消费行为差别明显。"其他"类商品的

[①] 见 http://www.stats.gov.cn/tjsj/zxfb/201104/t20110428_12707.html［访问时间：2019-8-30］。

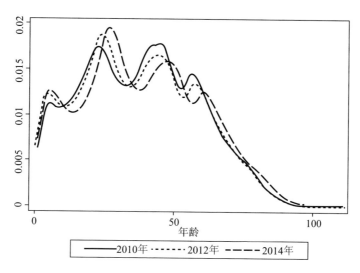

图 2.1 CFPS 样本中被调查者的年龄分布

支出占比最小，只有 4.1%。这类商品主要涵盖金银珠宝首饰等杂项商品和服务，产品相对庞杂，因此如前文所述，不与三次产业进行对应。最后，考虑到 CFPS 数据中可能存在异常观测值，对描述性统计的结果造成影响，因此在进行描述性统计及后面的实证分析时，对各项消费支出超过其 99% 分位的观测值和取值为 0 的观测值均进行了剔除处理。不过，即使保留这些观测值，对后文实证分析的主要结果也不会造成关键性影响。

表 2.1 家庭各项消费支出的描述性统计

消费种类	样本数	平均值	标准差	最小值	中位数	最大值	消费占比（%）
食品	39 342	12 738.12	10 902.97	12	9 600	60 000	36.0
衣着	36 620	1 801.33	1 977.97	1	1 000	12 000	5.1
居住	33 747	3 374.96	5 509.29	3	1 860	54 380	9.5
家庭设备及日用品	39 119	3 539.07	7 581.56	1	1 200	85 600	10.0
医疗保健	36 475	3 680.04	6 129.19	1	1 500	50 000	10.4

（续表）

消费种类	样本数	平均值	标准差	最小值	中位数	最大值	消费占比（%）
交通通信	38 619	3 329.10	3 987.80	12	1 920	27 600	9.4
文教娱乐	24 013	5 430.43	6 487.89	1	3 000	33 660	15.4
其他	18 475	1 461.04	2 744.45	1	400	20 000	4.1

在劳动力就业方面，CFPS 数据中共有 39 824 名个体报告了有效的行业编码，根据国家统计局的行业分类代码以及行业代码与三次产业的对应关系①，可知其中 8 806 名个体就业于第一产业，14 438 名个体就业于第二产业，16 580 名个体就业于第三产业。与国家统计局报告的三次产业就业结构相比，基于 CFPS 数据计算的第一产业比重明显偏低，这可能与该数据在调查过程中采用多阶段分层抽样方法的设计有关。但 CFPS 数据中第二产业和第三产业的人数之比则与国家统计局报告的数据之比相近。有鉴于此，本章在后续实证分析时将着眼于第二产业和第三产业，重点分析人口年龄结构如何从需求面和供给面两条渠道出发，影响这两个部门间的产业结构。

第四节　影响路径识别结果与讨论

一、消费支出结构在生命周期中的分布

为识别人口年龄结构对产业结构的需求面影响路径，首先需要刻画消费者生命周期中不同产业间消费支出结构的分布演变。为此，如上节所述，需要将除"其他"类别外的七类国家统计局消费产品类目归入

---

① 见 http：//www.stats.gov.cn/tjsj/tjbz/201301/t20130114_8675.html［访问时间：2019-8-30］。

三次产业，而这需要利用统计局关于服务性消费支出的定义公式。由于 CFPS 数据未报告各类消费项目下的细分项信息，因此本章将先利用 UHS 数据对八大类产品与三次产业间的对应关系做出判断，再将对应关系套用到 CFPS 数据上。具体来说，通过将国家统计局《城镇住户调查方案》中服务性消费支出的定义公式应用到 UHS 数据上，可以发现衣着支出中对应于服务性消费支出的比例不足 1%，居住支出中的占比约为 20%，家庭设备及日用品中的比例约为 7%，医疗保健支出中的比例约为 31%，因而总体上这四项支出主要涉及工业品。与之相反，交通通信和文教娱乐支出中的服务性消费支出占比分别是 60% 和 70%，因此它们主要涉及服务业品。食品类消费性支出由于可能同时涉及三次产业，情况复杂，因此本章依次将其归入农业、工业和服务业部门做不同处理，以考察结果的稳健性。

通过将八大类产品和三次产业按照以上关系进行对应处理后，可以计算出 CFPS 数据中每个家庭在三次产业上的总消费支出。再根据（2.1）和（2.2）式将家庭层面的支出金额按照家庭成员的年龄分解到个人，就可以获得年龄为 i 的代表性消费者在农业、工业和服务业三次产业中的平均支出金额 α_i^A、α_i^I 和 α_i^S，以及他在任何两个产业之间的支出比例。最后，将产业间的支出比例按照人口年龄作图，就得到了消费支出结构的生命周期分布规律。

本章旨在分析工业和服务业两个部门间的产业结构，因此图 2.2 展现了服务业-工业相对消费支出比值在生命周期中的变化规律。考虑到食品支出同时涉及三次产业，为了考察生命周期规律的稳健性，图 2.2 分别对食品类消费支出做了归入农业、工业和服务业部门的处理。同时，为了方便与后文关于不同年龄劳动者行业分布的结果进行对比，图 2.2 将消费结构的生命周期分布限制在 15—60 岁（即劳动年龄）之间。需要说明的是，考虑到观察和比较的便利性，图 2.2 在对食品支

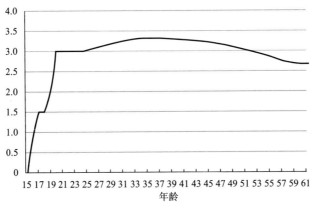

（a）食品类消费支出归入农业部门

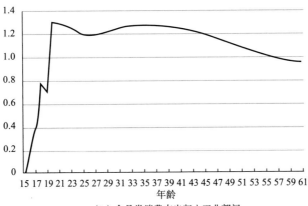

（b）食品类消费支出归入工业部门

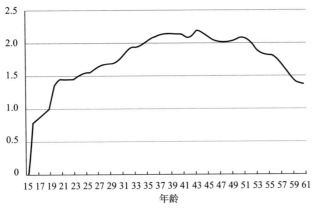

（a）食品类消费支出归入服务业部门

图 2.2　服务业-工业相对消费支出的生命周期分布

出依次归入三次产业进行处理时，分别将服务业-工业相对消费支出的生命周期分布按照 15 岁代表性消费者的消费支出比作为基准进行了规则化调整。也就是说，尽管食品支出的分类方法不同，但在图 2.2 中，始终展示的是各年龄代表性消费者与 15 岁代表性消费者在服务业-工业相对消费支出比上的差值。

如图 2.2 所示，无论将食品消费支出作为三次产业中哪个部门的一部分，服务业-工业相对消费支出均随消费者的生命周期呈现出先上升、后平稳的特点。这说明一般而言，青年人相对较多地消费工业品，非青年人相对较多地消费服务业品。服务业-工业相对消费支出的生命周期分布在 40 岁左右出现转折。具体来说，在 40 岁之前，服务业-工业相对消费支出主要呈上升趋势，特别是在 20 岁以前迅速上升，随后则速度有所放缓；但在 40 岁后，该相对支出主要表现为稳中略降。服务业-工业相对消费支出在生命周期后半阶段的微幅下降与本章中将家庭医疗保健支出全部归入工业部门的处理方式有关。事实上，通过对消费单项进行从家庭到个人层面的分解，可以发现消费者生命周期后期的医疗保健支出大幅增加。[①] 但由于在 UHS 数据中，医疗保健支出中约有 70% 对应于工业部门，因此在图 2.2 中将这部分支出全部算作了工业品处理，从而可能放大了服务业-工业相对消费支出在消费者生命周期后半阶段的下降幅度。但即便如此，图 2.2 依然说明消费结构在生命周期中存在差异。

二、劳动者年龄对其就业决策中产业选择的影响

供给面上劳动者年龄与其产业选择之间的对应关系，可以通过利用 CFPS 数据计算各年龄段劳动力群体的产业间分布情况加以刻画。如

---

① Mao, R., Xu, J. Population aging, consumption budget allocation and sectoral growth [J]. *China Economic Review*, 2014, 30: 44-65.

图 2.3 所示,随着劳动者年龄的增加,服务业相对于工业部门的就业人数之比首先微幅下降,随后则逐渐上升,转折点大致出现在劳动者 45 岁左右时。总的来说,图形结果表明青年劳动力以相对更大的比例选择在工业部门中就业,而非青年劳动力以相对更大的比例选择在服务业部门中就业。

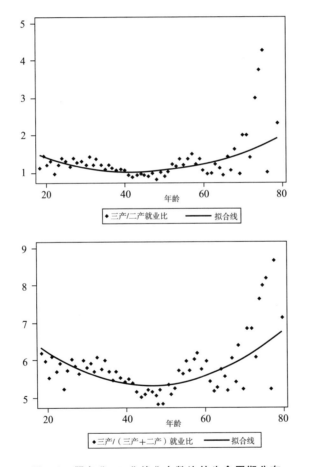

图 2.3　服务业-工业就业人数比的生命周期分布

利用计量分析工具,可以进一步检验劳动者年龄与就业产业选择之间的关系。具体来说,运用 CFPS 数据估计(2.3)式,可以估算出在控制其他影响就业产业决定的因素后,劳动者的年龄对该决定的边际影响效果。其中，其他影响就业产业决定的因素包括劳动者现已获得的最高学历，分别以数值 1 至 8 表示文盲/半文盲、小学、初中、高中/中专/技校、大专、大学本科、硕士、博士；劳动者的年收入水平；劳动者的性别，以虚拟变量取值为 1 表示男性，取值为 0 表示女性；劳动者所持的户口，以虚拟变量取值为 1 表示农业户口，取值为 0 表示非农户口。由于本章旨在讨论劳动者就业决策中在工业与服务业部门之间的产业选择，因此下面的分析剔除了 CFPS 数据中不在这两个部门中就业的劳动者数据。对于剩下的样本可以构造因变量 y，当劳动者在服务业部门中就业时定义其取值为 1，当劳动者在工业部门中就业时定义其取值为 0。分别用 Probit 和 Logit 模型估计（2.3）式中的多元选择模型，结果如表 2.2 和表 2.3 所示。

表 2.2 劳动者服务业-工业就业选择的 Probit 模型估计

服务业 =1	(1)	(2)	(3)	(4)
年龄	-0.00188***	0.00596***	0.00595***	0.00593***
	(0.000603)	(0.000713)	(0.000714)	(0.000756)
边际效果	-0.00073	0.0022	0.0022	0.0021
最高学历		0.234***	0.244***	0.185***
		(0.00676)	(0.00693)	(0.00787)
年收入			-1.91e-06***	-1.17e-06***
			(2.66e-07)	(2.71e-07)
男性 =1				-0.424***
				(0.0174)
农业户口 =1				-0.354***
				(0.0202)
常数项	1.253***	0.0187	0.0348	0.614***
	(0.0895)	(0.106)	(0.106)	(0.112)
观测值	31 012	25 464	25 447	24 968

注：***$p<0.01$，**$p<0.05$，*$p<0.1$，括号内是标准误；回归中还控制了省份和年份固定效应。

表 2.3 劳动者服务业-工业就业选择的 Logit 模型估计

服务业 = 1	(1)	(2)	(3)	(4)
年龄	-0.00305***	0.00957***	0.00955***	0.00964***
	(0.000970)	(0.00116)	(0.00116)	(0.00124)
边际效果	-0.00073	0.0022	0.0022	0.0021
最高学历		0.380***	0.401***	0.305***
		(0.0112)	(0.0116)	(0.0130)
年收入			-3.79e-06***	-2.14e-06***
			(5.35e-07)	(5.16e-07)
男性 = 1				-0.692***
				(0.0287)
农业户口 = 1				-0.575***
				(0.0328)
常数项	2.105***	0.151	0.191	1.123***
	(0.165)	(0.197)	(0.197)	(0.206)
观测值	31 012	25 464	25 447	24 968

注：***$p<0.01$，**$p<0.05$，*$p<0.1$，括号内是标准误；回归中还控制了省份和年份固定效应。

回归结果表明，当不控制学历、年收入、性别和户口变量等其他个人特征时，年龄对就业产业选择的影响效果显示，青年劳动力进入服务业部门工作的比例更高。这与前文描述统计的结果不同，可能是因为受到遗漏变量问题的干扰。事实上，如两表中第（2）—（4）列所示，当对劳动者的学历、年收入、性别与户口等额外变量进行依次控制时，结论将完全相反：非青年劳动力进入服务业部门工作的比例更高，青年劳动力进入工业部门工作的比例更高。从模型估算的边际系数来看，Probit 和 Logit 两种模型均显示，年龄对就业产业选择的边际效果在 0.002 左右。换言之，当劳动者的年龄增加一岁时，其进入服务业的概率相对于进入工业的概率将增加 0.2%。综上所述，利用 CFPS 数据的实证检验结果显示，劳动者年龄能够影响其行业选择，其中青年劳动力选择工业部门的概率相对较高，而非青年劳动力选择服务业部门的概率相对较高。

总体而言，基于现有文献对人口年龄结构在经济增长中作用的讨论，本章提出了人口年龄结构影响产业结构的需求面和供给面途径。利用以 CFPS 为主的我国家庭微观调查数据，本章揭示了不同年龄消费者在对不同部门产品的支出结构上的差别以及不同年龄劳动者在对不同部门就业的选择结构上的差别。实证结果表明，青年劳动力相对较多地消费工业品，非青年劳动力相对较多地消费服务业品；青年劳动力相对较多地进入工业部门，而非青年劳动力相对较多地进入服务业部门。上述经验证据为后续章节构建和拓展包含人口年龄结构的产业结构转型模型提供了重要的参考依据。

第三章

产业结构转型的一般规律和理论框架

本章旨在总结各国经济发展历史中产业结构转型的一般规律，回顾基于多部门框架的经济增长模型对产业结构转型规律的主流刻画范式，并在此基础上拓展一个能够同时解释"卡尔多事实"（Kaldor facts）和"库兹涅茨事实"的结构转型理论模型。跨国经验研究和我国的历史数据均表明，经济增长过程中的产业结构呈现农业就业份额持续减少、服务业就业份额持续上升、工业就业份额先升后降的典型特征。现有理论模型主要从需求面上消费弹性在产业间存在差异和供给面上各产业资本密集度与生产率增速存在差异这两方面入手，解释产业结构的一般变化规律。但其理论解释或基于模型的模拟结果往往不能较好吻合真实数据。本章通过将封闭环境下的产业结构转型模型拓展至开放环境，提出了影响产业结构转型的新机制，并增强了理论模型对产业结构转型真实数据的解释力。

第一节 产业结构转型规律的跨国研究

在传统多部门增长模型的稳态均衡中，经济将进入平衡增长路径（balanced growth path）。在平衡增长路径上，人均总产出的增速和实际利率均维持不变,产业结构也保持相对稳定,这些特征被总结为"卡尔多事实"。该事实意味着长期来看,一个经济体内部的各部门产出份额以及要素在各部门间的分配比例都将为常数。① 但是不同于在上述传统模型平衡增长路径中所刻画的"卡尔多事实",在大多数国家的真实增长过程中,产业结构实际上是不断变化的,也就是说即使是在长期中,经济也将处于"不平衡增长路径"(unbalanced growth path)中。这种长期的产业结构转型特征被总结为"库兹涅茨事实"。②

正如库兹涅茨所指出的:"在现代社会中,结构转型就是产业结构变迁,以及在不同产业结构下,产品生产和资源利用结构的变化。结构转型表现为工业化,即产品和要素从农业活动转向非农生产;结构转型也表现为城镇化,即城乡人口分布的改变;结构转型还表现为不同行业和职业从业者相对经济地位的变化,居民消费、政府消费和投资等产出用途的变化,以及本国产品相对于进口产品的变化等。"根据库兹涅茨事实的描述,经济增长过程中产业结构将持续调整。具体来说,不同产业的劳动力就业份额将遵循以下典型模式产生变化:农业部门的就业份额将持续降低,服务业部门的就业份额将持续增高,而工业部门的就业份额将先升后降,呈现倒"U"形变化。

图 3.1 的两图分别呈现了美国和韩国增长历史中产业结构的演变情况,其中美国的演变期限选定在 1929—2008 年,韩国的演变期限选定在 1963—2009 年。如图所示,这两个国家的产业结构转型历史都与库兹涅茨事实描述的特征相吻合。具体来说,如虚线所示,两个国家农业部门的就业份额几乎持续下降,表明该部门的劳动力相对规模不断减少;如点线所示,两个国家服务业部门的就业份额几乎持续上升,表示该部门的劳动力相对规模不断扩大;最后,如实线所示,两个国家工业部门的就业份额整体而言呈现出先增后降的倒"U"形变化规律——在

---

① Barro, R., Sala-i-Martin, X. *Economic Growth* [M]. 2nd ed. Cambridge, MA: MIT Press, 2003.
② Kuznets, S. *Modern Economic Growth* [M]. New Haven, CT: Yale University Press, 1966.

美国,该倒"U"形的转折点大约出现在 20 世纪 50 年代初期,而在韩国,转折点则大约出现在 1990 年左右,比美国约晚 40 年。

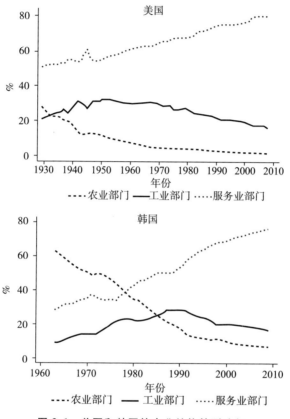

图 3.1 美国和韩国的产业结构转型路径

图 3.2 展示了英国、法国、美国等发达国家和哥伦比亚、菲律宾、埃及等发展中国家的三次产业就业份额变化规律。结果表明,除了图 3.1 所示的美国和韩国,在其他国家中产业结构转型也基本符合库兹涅茨事实描述的特征。但由于经济增长的进度在不同国家中存在差别,因此工业就业份额倒"U"形变化轨迹的转折点会在不同的时间出现。具体来说,英国和法国的转折点分别出现在 20 世纪 40 年代和 60 年代左右,哥伦比亚和菲律宾的转折点则大约出现在 20 世纪 70 年代。除了这些国家,现有的实证研究发现,在绝大多数 OECD 国家的发展历史中,库

兹涅茨事实都存在，这说明该事实反映了产业结构转型的普遍规律。[1]

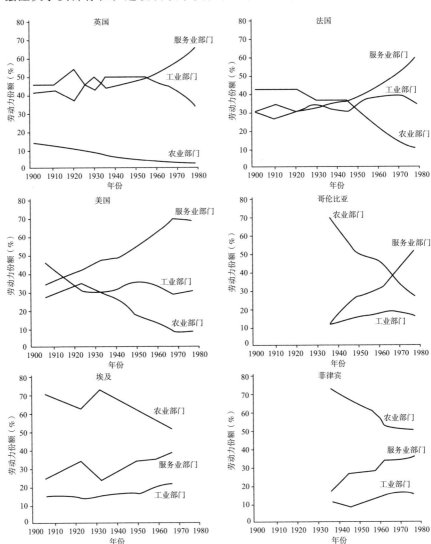

图 3.2 六个国家的产业结构转型历史[2]

---

[1] Maddison, A. Economic growth and structural change in the advanced countries [M] // Leveson, I., Wheeler, W. *Western Economies in Transition*. London: Croom Helm, 1980: 41-60.

[2] Pandit, K., Casetti, E. The shifting patterns of sectoral labor allocation during development: Developed versus developing countries [J]. *Annals of the Association of American Geographers*, 1989, 79 (3): 329-344.

第二节　我国产业结构转型的特征

我国自改革开放以来取得了经济高速增长的巨大成就，与此同时，也经历了产业结构方面迅速且显著的演变。如图 3.3 所示，1978 年时我国的农业就业份额仍高达 70.5%，而服务业就业份额仅有 12.2%。到 2017 年时农业就业份额已降至 27% 以下，服务业就业份额则逼近了 45%。与此同时，工业就业份额在 2012 年以前总体呈上升趋势，但增速在 2007—2012 年间明显放缓；2012 年以后，工业就业份额则转升为降，从 2012 年的 30.3% 下降到 2017 年的 28.1%。总体而言，图 3.3 所揭示的我国三大产业的结构转型演变规律与库兹涅茨事实的描述是基本一致的。

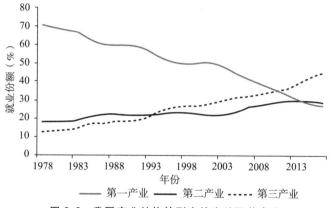

图 3.3　我国产业结构转型中的库兹涅茨事实

从三次产业的增加值结构和最终消费在三次产业间的分配结构来看，图 3.4 同样展示了与库兹涅茨事实相似的变化特征。具体来说，如图 3.4（a）所示，尽管可能由于家庭联产承包责任制等改革措施的实施，第一产业的增加值占比在 1978 年至 20 世纪 80 年代初经历了短暂上升，但自此以后几乎始终呈下降趋势。与之相反，第三产业的增加值占比则基本始终呈上升趋势，尤其是在 20 世纪 80 年代中期和 90 年代中后期，其伴随第一产业增加值的明显下降而快速上升。相比于第一产业和第三产业增加值比重的大幅变化，第二产业增加值比重整体上较为平稳，始终在40%—50%的区间水平内波动。从细分时期来看，由于第一产业增加值份额在改革开放初期有所上升，因此第二产业的增加值占比在20世纪80年代前中期明显下降。但至少从90年代以来，在整体上，第二产业增加值的占比呈现出先升后降的演变特征，与库兹涅茨事实的描述基本一致。这一时期第二产业增加值占比的峰值出现在2006年，略早于其就业占比峰值所出现的时间。就最终消费结构而言，由于数据可得性的限制，图3.4仅能考察90年代后期以来其结构变化的规律。如图所示，最终消费中第一产业的占比整体呈下降趋势，第三产业的占比则几乎始终上升。第二产业最终消费的占比在1997—2000年略微上升，此后明显下降到较低水平运行，并在2002—2012年先升后降，同样与库兹涅茨事实描述的先增后降规律基本吻合。

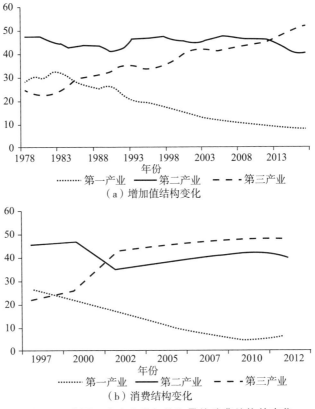

图 3.4 我国三次产业增加值和最终消费结构的变化

进一步地，还可以考察库兹涅茨事实是否在我国的不同地区都有所体现。图 3.5 展示了我国各省级地区中三次产业就业比重的变化规律。考虑到不同地区间产业结构的固有差异，我们将各地区各次产业的就业比重对其初始值求取了离差。也就是说，如果某地区第一产业的就业比重数据自 1978 年起可得，则将该地区历年的第一产业就业比重全部规则化为其相比于 1978 年水平的差值。如图 3.5 所示，几乎在所有地区中，第一产业的就业比重都呈下降趋势，第三产业的就业比重都呈上升趋势。与此同时，与库兹涅茨事实所描述的一致，在大多数地区中，第二产业的就业比重都先升后降。然而，在不同地区中第二产业就业比重的转折时间却有所差异。在有些地区，第二产业就业比重自 20 世纪 80 年代初起就由升转降；而在另一些地区，转折点出现在 2012 年左右，与全国整体层面的产业结构转型特征一致。

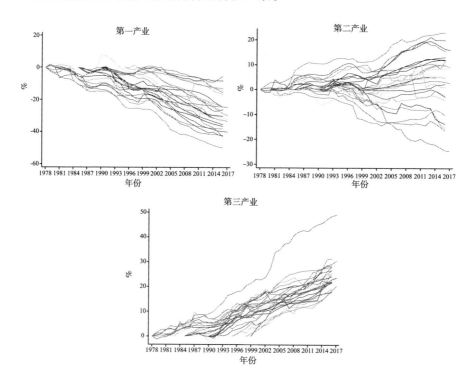

图 3.5 我国各省级地区三次产业就业比重相对初始水平的演变

图 3.6 类似地刻画了三次产业增加值比重在我国不同省级地区中的演变情况。其中同样根据每个地区各产业比值的初始值，计算了各比值相对于初始值的离差。与就业占比一样，如图 3.6 所示，在绝大多数省级地区中，第一产业的就业比重都呈下降趋势，第三产业的就业比重都呈上升趋势，第二产业的就业比重则主要表现为先升后降，符合库兹涅茨事实的描述。但与图 3.5 相比，图 3.6 表明许多地区第二产业的增加值比重在 20 世纪 80 年代都经历了稳中有降的变化，这与图 3.4 中全国层面的特征也是吻合的。但至少从 90 年代以来，在绝大部分地区中，第二产业增加值比重的变化是与库兹涅茨事实一致的。

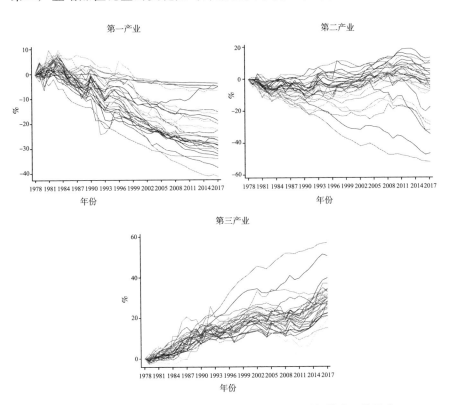

图 3.6 我国各省级地区三次产业增加值比重相对初始水平的演变

第三节 产业结构转型的主流理论框架

传统的经济增长模型大多建立在卡尔多事实的基础之上①，其主要理论推论反映了平衡增长路径上总和增长率、资本-产出比、资本收入占 GDP 的比重和实际利率等变量保持常数的卡尔多事实特点。但针对现实中经济结构变化规律的宏观研究却发现②，尽管总量指标如卡尔多事实所述保持不变，产业结构和要素在产业间的分配却在平衡增长路径上持续变化。这种持续的产业结构转型现象就是所谓的库兹涅茨事实。目前在主流多部门框架下的经济增长理论往往对卡尔多事实和库兹涅茨事实做出不同的侧重选择，从而可以大致被分为两支文献。其中一支文献倚重于平衡增长模型，旨在强调长期中经济总体变量的稳定性，而省略了对在此过程中部门间要素分配情况不断变化的刻画。另一支文献则倚重于描述长期中产业结构的持续演变规律，但放弃了对平衡增长路径上经济总体变量保持恒定这一性质的刻画。在这两支文献中，前者相对而言是现行的主流分析框架。③ 但近年来，以产业结构持续变化为特征

---

① Kaldor, N. Capital accumulation and economic growth [M]//Lutz, F., Hague, D. *The Theory of Capital*. London: Palgrave Macmillan, 1961: 177-222. Denison, E. F. Accounting for United States economic growth [M]. Washington DC: The Brookings Institution, 1974. Homer, S., Sylla, R. E. *A History of Interest Rates* [M]. New Brunswick, NJ: Rutgers University Press, 1996. Barro, R., Sala-i-Martin, X. *Economic Growth* [M]. 2nd ed. Cambridge, MA: MIT Press, 2003.

② Clark, C. *The Conditions of Economic Progress* [M]. London: Macmillan, 1940. Kuznets, S. Quantitative aspects of the economic growth of nations: II. industrial distribution of national product and labor force [J]. *Economic Development and Cultural Change*, 1957, 5 (S4): 1-111. Chenery, H. B. Patterns of industrial growth [J]. *American Economic Review*, 1960, 50 (4): 624-654.

③ Barro, R., Sala-i-Martin, X. *Economic Growth* [M]. 2nd ed. Cambridge, MA: MIT Press, 2003.

的后一支理论文献也得到了长足发展,并逐渐与前一支文献融合。①

在两支文献的融合方面,即如何在经济增长理论中同时体现平衡增长路径和结构转型规律,Baumol 与他的合作者做了开创性工作。② 在他们的模型里,考虑了一个由两大产业组成的经济体。其中,一个部门是"进步部门",该部门运用资本和新兴技术从事生产活动,其产出规模按照常速增长。另一个部门被称为"停滞部门",该部门只使用劳动力进行生产,且产出为服务性最终品。该模型的推导结果表明,如果要素能在部门之间自由流动,则停滞部门将面临不断上涨的生产成本和产品相对价格,一旦该部门的产品需求收入弹性较高或价格弹性较低,则劳动力就将持续流向该部门,以抵消成本和价格上升的压力。不过,他们的模型在刻画产业结构持续变化的同时不一定完全吻合卡尔多事实。其原因在于,伴随劳动力向停滞部门的持续流动,经济中停滞部门所占的比重将不断上升,从而拉低总体经济增速。反之,当停滞部门产品需求的收入弹性较低抑或价格弹性较高时,劳动力则将持续地流向进步部门。这将导致停滞部门逐渐消失,从而在长期中两部门模型将退化成单部门模型。在这种情况下,尽管极限意义上能够保留卡尔多事实,但却丧失了对结构转型特征的刻画。综上所述,Baumol 等人的研究并没有给出合意的统一理论框架,以同时刻画平衡增长路径和结构转型规律。

---

① Baumol, W. J. Macroeconomics of unbalanced growth: The anatomy of urban crisis [J]. *American Economic Review*, 1967, 57 (3): 415-426. Pasinetti, L. L. *Structural Change and Economic Growth: A Theoretical Essay on the Dynamics of the Wealth of Nations* [M]. Cambridge: Cambridge University Press, 1991. Park, S. Transitional dynamics of structural changes [Z]. University of Rochester, 1995. Echevarria, C. Changes in sectoral composition associated with economic growth [J]. *International Economic Review*, 1997, 38 (2): 431-452. Laitner, J. Structural change and economic growth [J]. *Review of Economic Studies*, 2000, 67 (3): 545-561.

② Baumol, W. J. Macroeconomics of unbalanced growth: The anatomy of urban crisis [J]. *American Economic Review*, 1967, 57 (3): 415-426. Baumol, W. J., Blackman, S. A. B., Wolff, E. N. Unbalanced growth revisited: Asymptotic stagnancy and new evidence [J]. *American Economic Review*, 1985, 75 (4): 806-817.

不过，Baumol 等人的模型却为后续的结构转型理论研究提供了两个发展方向。第一个方向是通过在产业间引入不同的收入弹性来获得结构转型结果，第二个方向则是通过考虑不同产业的价格弹性（即替代弹性）差异以刻画结构转型。在产业间存在收入弹性差异这个方向上，Echevarria（1997）考察了在消费者具有非位似偏好结构的假设下，由于各部门的全要素生产率具有不同的增长速度，劳动力持续地从需求收入弹性较低的部门流向需求收入弹性较高的部门。[①] 其理论模型的结果表明，尽管伴随持续的产业结构转型，平衡增长路径在渐近的意义下能够得到保留，也就是说，卡尔多事实仍能近似地成立。卡尔多事实能够在 Echevarria（1997）的模型中近似成立其实不难理解。这是因为，该模型假设的非位似偏好结构在收入不断提高的极限情形下将消失，退化为位似效用函数，而在位似效用函数下，各部门的产品需求都将随收入水平同步提高，呈现出卡尔多事实。在 Echevarria（1997）的模型出现极限情况以前，总的经济增速将先上升、后下降，这与卡尔多事实所刻画的规律不相符。与之不同，Kongsamut 等（2001）虽然也采取了收入弹性差异的视角以讨论结构转型[②]，但他们的模型始终能够保持卡尔多事实和库兹涅茨事实同时成立。这主要得益于他们采用的 Stone-Geary 形式的效用函数。在该效用函数中，农业品的需求收入弹性小于 1，工业品的需求收入弹性等于 1，服务业品的需求收入弹性大于 1。上述收入弹性的差异表明，农业品的相对需求规模将随收入水平的增长而萎缩，从而该部门的劳动力将不断外流；服务业品的相对需求规模将随收入水平的增长而扩大，从而该部门的劳动力将不断流入；而工业品的相

[①] Echevarria, C. Changes in sectoral composition associated with economic growth [J]. *International Economic Review*, 1997, 38（2）：431-452.

[②] Kongsamut, P., Rebelo, S., Xie, D. Beyond balanced growth [J]. *Review of Economic Studies*, 2001, 68（4）：869-882.

对需求规模将在收入水平变化时保持不变,因此该部门的劳动力相对规模也保持恒定。不过,他们模型的主要局限在于,为了使卡尔多事实和库兹涅茨事实同时成立,必须限定"刃锋条件"(knife-edge condition)的假设,即效用函数与生产函数中的某些参数之间必须满足一定的关系。这样的假设实际上有悖于宏观经济学传统理论中偏好与技术相互独立的原则。

与此同时,另一些研究则从产品需求替代弹性的角度出发,刻画结构转型规律。Ngai 和 Pissarides(2007)考虑了一个包含多种消费品和一种资本品的多部门增长模型。[①] 不同部门生产函数的差异仅体现为全要素生产率进步速度不同,其余特征完全一致。他们证明,当消费品间的替代弹性小于 1 时,劳动力就会随着经济增长而流向全要素生产率进步速度最慢的部门。在极限情形下,除全要素生产率进步速度最慢的部门外,其他消费品部门都将消失。与此同时,资本品部门的就业份额将趋于一个非 0 常数。如果效用函数的跨期替代弹性为 1,则在结构转型过程中,资本–产出比和总和增长率都将保持不变,完全吻合卡尔多事实。Acemoglu 和 Guerrieri(2008)则认为,不同部门的生产函数中,除全要素生产率进步速度不同外,要素密集度也存在差别。[②] 为此,他们考虑了一个两部门增长模型,证明当产品间缺乏替代弹性时,资本密集度差异和资本深化将导致结构转型。具体来说,他们假设两个部门的生产函数都有柯布–道格拉斯形式,消费者效用函数中的两种产品则具有等替代弹性形式(constant elasticity of substitution)。由于两部门的资本密集度不同,当资本相对于劳动力的数量随经济增长而增加时,资本

[①] Ngai, L. R., Pissarides, C. A. Structural change in a multisector model of growth [J]. *American Economic Review*, 2007, 97 (1): 429–443.

[②] Acemoglu, D., Guerrieri, V. Capital deepening and nonbalanced economic growth [J]. *Journal of Political Economy*, 2008, 116 (3): 467–498.

密集度较高的部门将从中获益更多，因此其产出增长较另一部门更快。如果消费者需求在两种产品间缺乏替代弹性，那么这就会引导劳动力流向资本密集度较低的部门。他们还证明，卡尔多事实在长期中成立。最后，他们还以美国为对象，通过数值模拟检验了其理论的现实解释力，研究发现模拟结果基本符合美国 1948—2004 年间的结构转型现实，并在渐近意义上符合卡尔多事实。

在经验研究方面，Ngai 和 Pissarides（2007）以及 Acemoglu 和 Guerrieri（2008）从生产函数差异和替代弹性角度入手的研究比 Echevarria（1997）和 Kongsamut 等（2001）从偏好函数差异和收入弹性角度入手的研究获得了更多的实证支持。Baumol 等（1985）在两位数的行业分类标准下发现，不同部门的全要素生产率进步速度不同，可以用进步部门和停滞部门加以归类。[①] 因此，生产函数差异对结构转型而言是重要的。Kravis 等（1983）通过考察制造业和服务业发现，无论在横截面还是时间序列的意义上，并没有足够的经验证据表明服务业产品的收入弹性更高。[②] 但他们发现在经济增长过程中，服务业品的相对价格将不断增长，并且相对价格的变化是由制造业和服务业部门的技术进步差异造成的。这一发现与 Ngai 和 Pissarides（2007）及 Acemoglu 和 Guerrieri（2008）的理论结果一致。

尽管既有文献尝试从多种角度为卡尔多事实和库兹涅茨事实提供一个统一的理论范式，但目前发展还不完善。其最大挑战在于，如何刻画库兹涅茨事实中工业就业份额先升后降的倒"U"形变化特征。在

---

① Baumol, W. J., Blackman, S. A. B., Wolff, E. N. Unbalanced growth revisited: Asymptotic stagnancy and new evidence [J]. *American Economic Review*, 1985, 75 (4): 806-817.

② Kravis, I. B., Heston, A., Summers, R. The share of services in economic growth. //Adams, F. G., Hickman, B. G. *Global Econometrics: Essays in Honor of Lawrence R. Klein* [M]. Cambridge, MA: MIT Press, 1983: 188-218.

Kongsamut 等 (2001) 的模型中, 由于工业部门消费需求的收入弹性为 1, 其相对规模将保持不变, 不存在劳动力净流动。Acemoglu 和 Guerrieri (2008) 只考虑了一个由工业和服务业构成的两部门模型, 并将考察期局限在 1948 年后, 即美国工业就业份额的下降阶段, 没有考虑此前工业部门相对规模的扩张阶段。Ngai 和 Pissarides (2007) 的理论模型自由度较大, 在一定参数取值下能够得到工业部门就业份额倒"U"形特征的数值模拟结果, 但他们无法说明这种变化的理论机制, 也无法在合理的参数取值下获得工业就业份额足够的升降幅度, 以吻合历史数据。

与此同时, 既有文献也大多局限在封闭环境中讨论结构转型问题。在开放环境下, 封闭模型的部分机制将难以成立。Matsuyama (1991, 1992) 指出, 当生产过程存在"干中学"(learning-by-doing) 效应时, 人们的预期会影响经济中各部门相对规模的变化。他进而指出, 在小国开放环境中, 由于比较优势增强, 技术进步较快的部门将不断吸收而非丧失劳动力, 因此 Baumol 认为的劳动力将流向停滞部门的观点存在误导。① Yi 和 Zhang (2010) 试图在两国开放的动态李嘉图框架中讨论结构转型。② 但在他们的模型中, 结构转型在这两个国家中必须是对称的: 当一个国家的工业就业份额增长时, 另一个国家的工业就业份额必须下降。这显然与第二次世界大战结束后诸多国家工业生产同时崛起这一历史不符。此外, 在他们的研究中, 工业就业份额的倒"U"形变化特征仅仅是数值模拟的结果, 而未能在理论上加以证明。

---

① Matsuyama, K. Increasing returns, industrialization, and indeterminacy of equilibrium [J]. Quarterly Journal of Economics, 1991, 106 (2): 617-650. Matsuyama, K. A simple model of sectoral adjustment [J]. Review of Economic Studies, 1992, 59 (2): 375-387.

② Yi, K. M., Zhang, J. Structural change in an open economy [Z]. University of Michigan, 2010.

第四节 开放经济的理论模型拓展

一、模型的基本设定

本节将在现有结构转型理论文献的基础上,构建一个开放经济体的三部门增长模型,对封闭环境下的结构转型模型进行拓展,并同时将卡尔多事实和库兹涅茨事实纳入模型的分析框架。在该模型中,结构转型产生于生产率效应和巴拉萨-萨缪尔森效应[①]的合力。为了将这两种效应从结构转型的众多成因中剥离出来,以避免其他因素的干扰,该模型假设消费者的偏好结构和人口的年龄结构都固定不变。具体来说,本节考虑一个小型的开放经济体。假设这个经济体中没有人口增长,并且人们具有"恒定相对风险厌恶系数"(constant relative risk aversion)形式的效用函数。因此,可以认为该经济体由一个永久存活的代表性个体(long-lived agent)构成。为简单起见,假设该代表性个体每期的劳动禀赋都规则化为1,并且假设劳动不会带来负效用。这意味着在任何时刻,整个经济中的劳动供给总量都为1。以 c_t 表示其消费速率,以 θ 表示其相对风险厌恶系数,那么该代表性个体在 t 时刻的即期效用函数就是:

$$\mu(c_t) = \frac{c_t^{1-\theta} - 1}{1 - \theta}. \tag{3.1}$$

假设代表性个体只消费一种不可贸易的最终品。它由国内完全竞争的最终品厂商通过三种中间品制造而成。为简单起见,假设最终品厂商

[①] Balassa, B. The purchasing-power parity doctrine: A reappraisal [J]. *Journal of Political Economy*, 1964, 72 (6): 584–596. Samuelson, P. A. Theoretical notes on trade problems [J]. *Review of Economics and Statistics*, 1964, 46 (2): 145–154.

的生产函数具有规模报酬不变的特征。这意味着可以将众多的最终品厂商抽象为一个大企业。不妨以 Y_t 表示最终品厂商在 t 时刻的总产量,以 Z_{it} 表示生产过程中第 i 种中间品的总投入量,其中以 $i=1,2,3$ 表示三次产业。假设最终品厂商的生产函数具有如下"双等替代弹性"(double-constant elasticity of substitution)形式:

$$Y_t = \left(\phi (\gamma Z_{1t}^{\frac{1-\epsilon}{\epsilon}} + (1-\gamma) Z_{2t}^{\frac{1-\epsilon}{\epsilon}})^{\frac{\epsilon(1-\eta)}{\eta(1-\epsilon)}} + (1-\phi) Z_{3t}^{\frac{1-\eta}{\eta}} \right)^{-\frac{\eta}{1-\eta}},$$

(3.2)

其中,ε 表示第一种中间品和第二种中间品之间的替代弹性,η 表示第三种中间品和第一种或第二种中间品之间的替代弹性,ϕ 和 γ 则共同决定了每种中间品的投入权重。

中间品的生产过程同样是完全竞争的。具体来说,第 i 种中间品是由第 i 个产业中众多的中间品厂商生产的。假设所有中间品厂商也都具有规模报酬不变的生产函数,那么也可以将每个行业中众多的中间品厂商分别抽象为一个大企业。第一产业的中间品厂商利用土地和劳动力这两种生产要素制造第一种中间品,即农业品。不妨假设该厂商的具体生产函数具有柯布-道格拉斯形式:

$$Y_{1t} = M_{1t} T_{1t}^{1-\alpha_1} L_{1t}^{\alpha_1},$$

(3.3)

其中,Y_{1t} 是农业品的产量,M_{1t} 是农业部门的全要素生产率,T_{1t} 和 L_{1t} 分别是农业部门中的土地和劳动力投入,α_1 是劳动力的产出弹性,并且 $0<\alpha_1<1$。第二产业和第三产业分别是工业部门和服务业部门。这两个部门的中间品厂商利用资本和劳动力这两种生产要素制造工业品和服务业品。假设每个产业的代表性厂商同样具有柯布-道格拉斯形式的生产函数:

$$Y_{jt} = M_{jt} K_{jt}^{1-\alpha_j} L_{jt}^{\alpha_j}, \quad j=1,2,$$

(3.4)

其中，K 表示资本，$0<\alpha_j<1$ 表示部门 j 中劳动力的产出弹性。

Baily 等（1998）发现[①]，韩国在 1995 年的转型时期，工业部门的劳动密集度比服务业部门更低。与此同时，经济增长的国际经验表明，在快速转型时期，工业部门中劳动力的收入份额比农业部门中更低，即工业部门的劳动密集程度相对较低。[②] 因此，不妨假设在三次产业中，工业部门的劳动密集度最低：

假设 3.1：$\alpha_1 > \alpha_2$ 且 $\alpha_3 > \alpha_2$。

在三类中间品中，假设农业品和工业品是可贸易品，而服务业品则是不可贸易的。因此，当市场出清时，有：

$$Z_{1t} = Y_{1t} + X_{1t}, \quad Z_{2t} = Y_{2t} + X_{2t}, \quad Z_{3t} = X_{3t}, \tag{3.5}$$

其中，Y 表示国内产值，X 表示净进口值（若 X 为负，则表示净出口）。与此同时，当生产要素出清时，有：

$$T_{1t} = T_t, \quad \sum_{i=1}^{3} L_{it} = L_t, \quad \sum_{j=1}^{2} K_{jt} = K_t, \tag{3.6}$$

其中，T_t、L_t 和 K_t 分别表示 t 时刻土地、劳动和资本的总量。为简单起见，将土地和劳动禀赋始终规则化为 1，即 $T_t = L_t = 1$。由于在稳态均衡时，国际贸易必须保持平衡，因此有：

$$P_{1t} X_{1t} + P_{2t} X_{2t} = 0. \tag{3.7}$$

鉴于本章考虑的是小型开放经济体，国际市场价格对国内企业而言是外生给定的。因此，此处暂时假设 P_{1t} 和 P_{2t} 均是常数。其中，不失一般性地，将农产品的国际价格规则化为 1。

[①] Baily, M. N., Zitzewitz, E., Bosworth, B., et al. Extending the East Asian miracle: Microeconomic evidence from Korea [J]. *Brookings Papers on Economic Activity. Microeconomics*, 1998, 29: 249-321.

[②] 李稻葵，刘霖林，王红领. GDP 中劳动份额演变的 U 型规律 [J]. 经济研究，2009，1 (11)：362-382.

二、非平衡增长路径与产业结构转型规律的求解

在上节的基本设定下，分别以 R_t^T、W_t 和 R_t 表示该小型开放经济体在 t 时刻的土地租金、工资和资本利率水平，以 P_t 和 P_{3t} 表示最终品和服务业品的价格，则竞争性均衡就是消费、投资、要素分配和价格的演变路径，可以由 $\{c_t, K_t, L_{it}, K_{jt}, R_t^T, W_t, R_t, P_{3t}, P_t\}$ 表示。由于市场是完备的，也是完全竞争的，根据福利经济学第二定律，上述竞争性均衡可通过求解以下社会计划者的最优化问题，即最大化代表性个体的毕生效用，加以刻画：

$$\max \int_0^\infty u(c_t) e^{-\rho t} \mathrm{d}t, \quad \dot{K}_t + \delta K_t + c_t = Y_t, \tag{3.8}$$

其中，ρ 是效用贴现率，δ 是资本折旧率。显然，在社会计划者的最优化问题中，定义域是连通的凸集，目标函数是连续的严格凹函数，因而该问题有唯一解。为求解该问题，首先求解静态均衡，由此可以将最终品的总产量隐性地写成服务业品价格 P_{3t} 和服务业产量 Y_{3t} 的函数：

$$Y_t = Y(P_{3t}, Y_{3t}) = \left(\frac{(1-\varphi)P_t}{P_{3t}}\right)^{-\eta} Y_{3t}, \tag{3.9}$$

其中，最终品的价格 P_t 由服务业品价格决定。利用中间品厂商利润最大化问题的一阶条件，可以确定劳动力在各部门间的分配由服务业品价格 P_3 和资本存量 K 隐性地决定：

$$l_{1t} = l_1(P_{3t}), \quad l_{2t} = l_2(P_{3t}, K_t), \quad l_{3t} = l_3(P_{3t}, K_t). \tag{3.10}$$

以 κ 表示工业部门使用的资本在总资本存量中的份额，则同样利用中间品厂商利润最大化问题的一阶条件，可知它也由服务业品价格 P_3 和资本存量 K 隐性地决定：

$$\kappa_t = \kappa(P_{3t}, K_t). \tag{3.11}$$

将（3.11）式代入（3.9）式，则可将 Y 也写成 P_3 和 K 的函数。与

此同时，国际贸易平衡关系又意味着 P_3 由 K 隐含地决定：

$$\alpha_1^{-1} l_{1t} + \alpha_2^{-1} l_{2t} = \alpha_3^{-1} B_1(P_{3t}) l_{3t}, \quad (3.12)$$

其中，B_1 是 P_3 的函数。综上，本模型的静态均衡完全由资本存量 K_t 决定。所以，只要刻画了 K_t 的演变路径，就完全刻画了非平衡增长路径和产业结构转型路径。为在解释库兹涅茨事实的同时，保留模型对卡尔多事实的刻画能力，本节假设各部门的全要素生产率均按常速增长：

假设 3.2：$\dot{M}_{it}/M_{it} \equiv g_{M_i}$。

利用服务业部门的全要素生产率对消费和资本存量进行规则化处理，定义：

$$\widetilde{c_t} = c_t M_{3t}^{-1/\alpha_3}, \quad \widetilde{K_t} = K_t M_{3t}^{-1/\alpha_3}. \quad (3.13)$$

本模型的动态特征将由 $\widetilde{c_t}$ 和 $\widetilde{K_t}$ 组成的自洽系统（autonomous system）刻画。为保证横截条件成立，还要求效用贴现率足够高：

假设 3.3：$\rho \geqslant (1-\theta) g_{M_3}/\alpha_3$。

在假设3.1—假设3.3下可以证明，模型将达到由 $\widetilde{c_t}$ 和 $\widetilde{K_t}$ 增速为0的常速增长路径刻画的稳态均衡。在稳态中，实际利率为常数，$r^* = \theta g_{M_3}/\alpha_3 + \rho + \delta$，符合卡尔多事实的描述。与此同时，模型仍允许产业结构不断变化。特别地，为使产业结构按库兹涅茨事实所描述的规律演变，尤其是工业部门的就业份额先上升、后下降，还需要施加以下两个假设。

假设 3.4：在经过劳动力密集度调整后，工业部门的全要素生产率比服务业部门进步得更快，即 $\alpha_3 g_{M_2} > \alpha_2 g_{M_3}$。同时，消费者对服务业品的消费是缺乏替代弹性的，即 $\eta < 1$。

该假设与 Ngai 和 Pissarides（2007）、Acemoglu 和 Guerrieri（2008）的思想一致，可以保证在相对较快的工业生产率进步的推动下，劳动力将流向缺乏消费替代弹性的服务业部门。但为了刻画此前工业就业份额的上升，还需要以下假设。

假设 3.5：农业部门的全要素生产率不能进步得太快，即：

$$g_{M_1} < \frac{(1-\alpha_2)^2 - (1-\alpha_1)(1-\alpha_3)}{(1-\alpha_2)(\alpha_3-\alpha_2)} g_{M_2} + \frac{1-\alpha_2}{\alpha_3} g_{M_3}$$

$$- \frac{(1-\eta)(1-\alpha_1)}{\alpha_3}(\alpha_3 g_{M_2} - \alpha_2 g_{M_3}). \quad (3.14)$$

这样，同样作为可贸易部门，农业部门相对不太快的技术进步率就会导致劳动力被挤向工业部门。不过，该假设并不意味着农业部门全要素生产率的进步率一定需要比其他部门慢。事实上，如果 α_2 和 α_3 十分接近，即当工业部门与服务业部门几乎同样地劳动密集时，假设 3.5 中不等式的右边就将趋向于正无穷。这时，该假设实际上并没有产生约束力。

在以上假设下可以证明，本模型的稳态均衡体现为非平衡增长路径。其中，各部门的劳动力份额遵循以下变化规律：

$$\dot{l}_{1t} = l_{1t}\left(\frac{g_{M_1}}{1-\alpha_1} + \frac{(1-\alpha_3)g_{M_2}}{(1-\alpha_2)(\alpha_3-\alpha_2)} - \frac{(1-\alpha_2)(g_{M_3}+g_{P_{3t}})}{(1-\alpha_1)(\alpha_3-\alpha_2)}\right),$$

$$\dot{l}_{2t} = (-\dot{l}_{1t})\left(\frac{\alpha_3}{\alpha_2}+B_{1t}\right)^{-1}\left(\frac{\alpha_3}{\alpha_1}+B_{1t}\right) - g_{P_{3t}}\left(\frac{\alpha_3}{\alpha_2}+B_{1t}\right)^{-1}(1-\eta)B_{1t}l_{3t},$$

$$\dot{l}_{3t} = (-\dot{l}_{1t})\left(\frac{\alpha_3}{\alpha_2}+B_{1t}\right)^{-1}\left(\frac{\alpha_3}{\alpha_2}-\frac{\alpha_3}{\alpha_1}\right) + g_{P_{3t}}\left(\frac{\alpha_3}{\alpha_2}+B_{1t}\right)^{-1}(1-\eta)B_{1t}l_{3t},$$

$$(3.15)$$

其中，B_{1t} 来自（3.12）式。通过定义以下工业品相对于农业品和服务业品相对于农业品的初始价格 τ_1 和 τ_2，可以将 B_{1t} 写成：

$$B_{1t} = \tau_2^{-1}(1+\tau_1)^{\frac{1-\eta}{1-\varepsilon}} e^{-(1-\eta)\int_0^t g_{P_3,s}\mathrm{d}s},$$

$$\tau_1 = \left(\frac{1-\gamma}{\gamma}\right)^\varepsilon \left(\frac{P_{20}}{P_{10}}\right)^{1-\varepsilon},$$

$$\tau_2 = \gamma^{-\frac{\varepsilon(1-\eta)}{1-\varepsilon}} \left(\frac{1-\varphi}{\varphi}\right)^{\eta} \left(\frac{P_{30}}{P_{10}}\right)^{1-\eta}. \tag{3.16}$$

而服务业品价格的增长率又由以下公式决定：

$$g_{P_{3t}} = \frac{1+B_{1t}}{\alpha_2 B_{1t}+\alpha_3}(\alpha_3 g_{M_2} - \alpha_2 g_{M_3}). \tag{3.17}$$

显然，在前文假设下，不难证明以下定理成立。

定理 3.1 在假设 3.1—假设 3.5 下，动态模型达到稳态均衡时非平衡增长路径上服务业品的价格将持续上升，即 $g_{P_{3t}} > 0$。

当假设 3.5 成立时，不难发现（3.15）式中农业部门就业的变动率为负，表示农业的就业份额持续减少。同时，在（3.15）式中，工业部门和服务业部门的就业变动均由两部分组成。其中，第一部分可以被称为"生产率效应"，因为它刻画了当部门间生产率差异逐渐扩大的情形下，从农业部门向工业部门和服务业部门的劳动力转移。第二部分则可以被称为"巴拉萨-萨缪尔森效应"，因为它刻画了当服务业品相对于工业品不断变得昂贵时，从工业部门向服务业部门的劳动力转移。显然，对于服务业部门的就业份额而言，两项效应均为正，故其将持续上升。对于工业部门的就业份额而言，生产率效应为正，但巴拉萨-萨缪尔森效应为负。不难证明，由于在结构转型的初始阶段中，农业就业份额较大，服务业就业份额较小，因此导致巴拉萨-萨缪尔森效应较小，故工业就业份额将上升；而在结构转型的后期阶段中，随着农业就业的减少，生产率效应被削弱，故工业就业份额将下降。以上结论可以被总结为下面的定理：

定理 3.2 在假设 3.1—假设 3.5 下，动态模型达到稳态均衡时非平衡增长路径上的产业结构变化符合库兹涅茨事实。

三、模型参数校准和对产业结构转型历史数据的拟合分析

为检验理论模型对历史现实的解释力，本节将基于各部门就业份额

的动态路径，对上节的理论结果进行数量分析。我们选择韩国作为数量分析的案例，其原因有三。首先，韩国是一个高度开放的经济体，比较符合小国开放经济体这一假设。其次，在韩国的结构转型历史中，库兹涅茨事实表现得比较明显。最后，韩国的统计信息服务部门较为完整地保留了韩国发展历史中三次产业的数据。

理论模型可以由 $\{\rho, \delta, \theta, \varepsilon, \eta, \alpha_1, \alpha_2, \alpha_3, g_{M1}, g_{M2}, g_{M3}, \tau_1, \tau_2\}$ 这13个参数和 $\{K_0, M_{10}, M_{20}, M_{30}\}$ 这四个初始值完全确定。韩国统计信息服务部提供了各部门的就业数据、名义产出和真实产出，以及全国的名义GDP和真实GDP。政府债券收益率和各部门的贸易数据则来自CEIC数据库。由于各部门的就业份额涵盖了1963—2009年，因此本节将把数值模拟限定在这一时期。不过，由于部分其他数据的涵盖时期较短，因此所有参数只能根据数据可得性，在一个稍短于模拟区间的子区间内加以校准。

首先，根据文献的一般做法，设消费者效用的年折旧率为 $\rho=0.01$，设资本的年折旧率为 $\delta=0.01$。真实利率由政府债券收益率与GDP平减指数之差衡量，根据其在校准期内的均值，设稳态上的实际利率 $r^*=0.0455$。通过对（3.3）和（3.4）式中的生产函数进行对数化处理，生产面参数可以利用各部门的真实产出与名义产出、劳动力规模和政府债券收益率水平数据，按对数化生产函数的一阶差分与拟差分后的变异形式进行估计。根据估计结果，设定 $\alpha_1=0.702$，$\alpha_2=0.665$，$\alpha_3=0.749$，$g_{M1}=4.38\%$，$g_{M2}=3.07\%$，$g_{M3}=0.757\%$。这样就可以从 r^* 的决定公式中解出 $\theta=2.52$。为估计需求面参数，可以类似地对消费者在工业品与农业品之间以及服务业品与工农业品总和之间的相对支出进行对数化处理，进而做一阶差分和拟差分变形，再利用各产业名义产值、物价水平和净进口值进行估算。根据估计结果，设定 $\varepsilon=0.64$，$\eta=0.247$，$\tau_1=40.1$，$\tau_2=23.3$。最后，资本的初始水平 K_0 可以由数据确定，各部门生产率的初始水平 M_{i0} 则可以利用校准期内的样本均值完全拟合生产函数这一原则决定。

本节选择1963年作为数值模拟的基期。根据历史数据，将各部门的初始就业份额设定为 $l_{10}=0.63$，$l_{20}=0.087$，$l_{30}=0.283$。由此基期出发，理论模型对韩国非平衡增长路径上产业结构转型的模拟结果如图3.7中的虚线所示。图3.7中的实线则刻画了产业结构的真实变化过程。由该图可见，即使在长达47年的时期中只使用一套参数设定，模拟结果依然能够较好地吻合历史趋势。

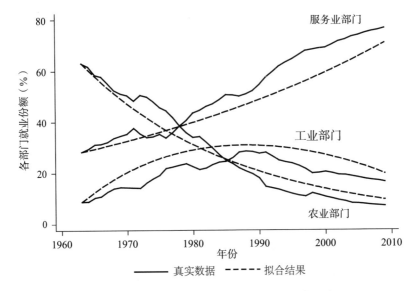

图 3.7 韩国 1963—2009 年结构转型的数值模拟结果

为了清晰地辨识结构转型中两大推动力的动态演变趋势，图3.8刻画了对生产率效应和巴拉萨-萨缪尔森效应绝对值的数值模拟结果。如图所示，在结构转型初期，生产率效应相对于巴拉萨-萨缪尔森效应而言更大，但其效力衰减得较快。与此同时，尽管巴拉萨-萨缪尔森效应的增长速度并不快，但其效力却不断加强。到20世纪80年代后期，巴拉萨-萨缪尔森效应超越了生产率效应而占据主导。

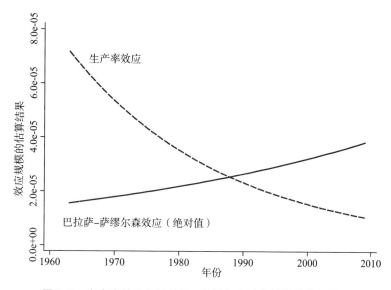

图 3.8　生产率效应和巴拉萨-萨缪尔森效应的数值模拟结果

为了考察模拟结果对参数取值的敏感度，本节还分别考虑了三次产业的劳动密集度和全要素生产率增长率的取值水平相对于基准数值模拟中的水平而言依次向上或向下偏离1%倍标准差，消费替代弹性和调整后的中间品初始相对价格相对于基准数值模拟依次向上或向下偏离1%倍标准差。敏感度检验结果显示，数值模拟结果始终能反映库兹涅茨事实。这说明本节构建的开放经济体的产业结构转型模型是能够融合卡尔多事实和库兹涅茨事实的合理分析框架。

第四章

人口年龄结构视角下的产业转型新理论

本章旨在基于人口年龄结构对产业结构存在需求面和供给面影响机制的经验证据，通过拓展产业结构转型的一般理论框架，构建包含人口年龄结构的产业结构转型模型。该模型不仅体现了需求面和供给面上人口年龄结构对产业结构的直接影响，还允许需求面与供给面机制相互作用，对产业结构转型构成交叉影响渠道。在此基础上，理论模型论证了人口年龄结构对产业结构多种影响途径的净效果，通过我国人口年龄结构和产业结构的历史数据校准模型参数，运用数值模拟方法验证了模型对现实的解释力。最后，利用我国人口年龄结构预测数据，该理论模型还对未来我国产业结构的演变趋势做出了预测。总体而言，本章理论模型表明，人口老龄化将导致服务业相对于工业的就业份额明显上升。这意味着可以根据人口老龄化的演变趋势对产业结构调整做出预判，对产业布局、投资流向和就业引导等做出适时调整。

第一节 人口年龄结构对产业转型重要性的经验证据

一、我国的历史经验证据

1949 年以来，我国以年均 7% 的人均 GDP 增速创造了举世瞩目的增长奇迹。在此过程中,产业结构迅速变化。以就业人数作为衡量指标,工业份额从1952年的7.4%增长到2014年的29.9%,服务业份额从9.1%增长到41%。如图4.1所示,服务业-工业的相对就业份额在此期间大体经历了"U"形演变:在1952—1976年总体上不断下降,随后则主要体现为上升趋势。该演变过程与我国劳动人口年龄结构的变化规律高度吻合。利用六次全国人口普查数据和国家统计局网站近年来公布的分年龄人口数据,我们可以画出我国劳动人口中非青年劳动力占比的走势,如图4.1中的虚线所示,这里以25岁作为15—60岁劳动年龄人口中青年与非青年劳动力的分界年龄。结果显示,该占比也呈现出"U"形变化,且其走势与服务业-工业相对就业份额高度吻合。以35岁或45岁作为青年和非青年劳动力的分界年龄,也能发现与图4.1相似的特征关系。

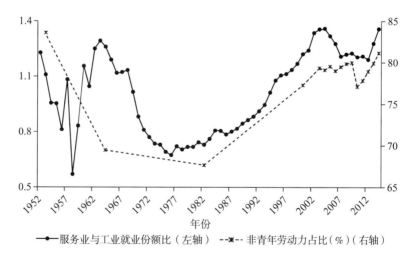

图4.1 1952—2014年我国的服务业-工业相对规模与劳动力年龄结构

注:实线表示服务业与工业就业份额之比,虚线表示劳动力(15—64岁)中25岁及以上者占比(%)。联合国将25岁以下者称为青年,但以35岁或45岁为界衡量的劳动力年龄结构走势与此虚线类似。为便于观察,这两条劳动力年龄结构曲线未在图中显示。就业份额比由国家统计局网站数据计算,劳动力年龄结构由国家统计局网站数据和六次全国人口普查数据计算。

二、跨国经验证据

人口年龄结构与产业结构间的关联并非我国独有的现象。利用两套跨国面板数据,可以揭示两者相关的普遍证据。第一套数据是世界银行的世界发展指数,其主要优势是覆盖面广。本章所用的 WDI 数据覆盖了 1980—2010 年间全球 186 个国家或地区。但其主要局限是,对年龄结构的衡量较为粗糙,没有劳动力年龄结构指标,只有人口抚养比数据。第二套数据是帕尔格雷夫国际历史统计数据(International Historical Statistics, IHS),其优势是时间跨度较长,并且报告了依据性别和年龄分组的详细人口数据。本章所用的 IHS 数据最早可追溯至 1846 年,并且每 5 岁一组,分别报告了男性和女性人数。但该数据的主要局限在于其覆盖面窄,观测频率较低:样本仅包含 22 个发达国家,且在一般情况下,每 10 年才有一次数据记录。为相对稳健地考察人口年龄结构和产业结构间的关联,本章将依次使用这两套数据。

基于 WDI 数据,图 4.2 展示了样本期间所有国家或地区人口年龄结构和产业结构之间的散点分布图。由于 WDI 数据中缺乏分年龄组的详细人口数据,因此图 4.2 以老年人口抚养比作为劳动人口年龄结构,即非青年劳动力与青年劳动力人数之比的代理变量。这是因为,在宏观模型的稳态均衡中,可以证明老年抚养比与劳动人口年龄结构之间存在一一对应关系。此外,利用 IHS 分年龄组的详细人口数据可以计算得出,至少在 IHS 覆盖的 22 个发达国家历史数据中,老年抚养比与劳动人口年龄结构这两个变量间的相关系数高达 0.7。

在图 4.2 中,纵轴表示产业结构,以服务业-工业就业份额比衡量;横轴表示人口年龄结构,以老年抚养比衡量。考虑到不同国家或地区之间存在固有的差异,我们对两个变量在国家和地区层面进行了去均值处理。因此，纵轴是服务业-工业相对规模与其1980—2010年间在该国家或地区均值的差；横轴是老年抚养比与其1980—2010年间在该国家或地区均值的差。如图4.2所示，两个变量呈现正相关：老年抚养比越高，服务业-工业就业份额比越大。这与图4.1的主要发现一致，为人口年龄结构与产业结构间存在关联提供了初步的跨国经验证据。

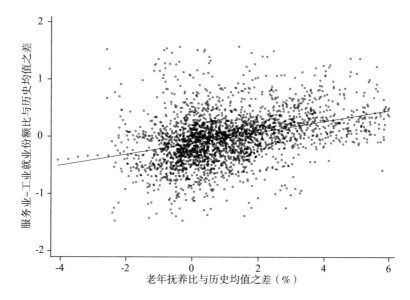

图 4.2　1980—2010年各国（地区）服务业-工业就业份额比与老年抚养比的散点分布

注：数据来自世界银行WDI数据库。纵轴表示服务业-工业就业份额比与其在该国（地区）1980—2010年间的均值之差，横轴表示老年抚养比与其在该国（地区）1980—2010年间的均值之差。

为检验图4.2所示人口年龄结构与产业结构间的相关性是否显著，本节以服务业-工业就业份额比为因变量，在依据现有文献控制其他可能影响产业结构的因素后，估算老年抚养比对产业结构的影响效果。表4.1展示了基于固定效应模型的估计结果。在第（1）列中，解释变量除国家和年份固定效应外，仅包括老年抚养比。考虑到无论从供给面还是需求面解释产业结构转型的现有经典理论模型普遍强调收入水平的作用，第（2）列额外控制了人均 GDP 对数值及其平方项。第（3）列又进一步控制了政府支出和以进出口总额衡量的贸易量在 GDP 中的占比这两个现有文献所指出的可能额外影响产业结构的变量。如表 4.1 所示，老年抚养比每上升 1 个百分点，服务业－工业就业份额比将增加 1.3 至 3.5，说明即使在考虑产业结构的其他决定因素后，人口年龄结构的影响依然是显著且重要的。至于其他影响因素，与文献一致地，表 4.1 发现人均 GDP 与服务业－工业就业份额比间存在倒"U"形关系：随着人均 GDP 的提高，服务业－工业就业份额比先减小、后增大，根据二次项和一次项对应的系数可知其转折点出现在 4 100 美元的人均 GDP 水平附近；政府支出占 GDP 的比重与服务业－工业就业份额比正相关，尽管该关联的显著性不高；贸易量占 GDP 的比重与服务业－工业就业份额比负相关，前者每上升 1 个百分点，后者就下降 0.003，其效果虽然显著但经济意义上的规模相对较小。

表 4.1 老年抚养比对服务业－工业就业份额比的影响分析

服务业－工业就业份额比	（1）	（2）	（3）	（4）
老年抚养比（%）	3.549***	1.329**	1.279**	1.396*
	(0.721)	(0.656)	(0.640)	(0.833)
ln$GDPPC$		−4.802***	−4.907***	−3.683***
		(0.247)	(0.238)	(0.284)
(ln$GDPPC$)^2		0.286***	0.294***	0.213***
		(0.0150)	(0.0144)	(0.0170)
政府支出/GDP（%）			0.00691*	0.00210
			(0.00358)	(0.00363)

(续表)

服务业-工业就业份额比	(1)	(2)	(3)	(4)
贸易量/GDP（%）			-0.00292***	-0.00312***
			(0.000611)	(0.000662)
常数项	1.219***	21.21***	21.55***	17.26***
	(0.118)	(1.078)	(1.047)	(1.244)
观测值	3 341	3 110	3 088	2 366
R^2	0.346	0.412	0.437	0.350
组别数	196	189	186	179

注：***$p<0.01$，**$p<0.05$，*$p<0.1$，括号内是标准误；回归中还控制了国家和年份固定效应。

考虑到2008年金融危机可能对产业结构的变化规律造成结构性冲击，第（4）列利用危机发生前的子样本重新进行估计。与第（3）列相比，第（4）列中的结果显示，老年抚养比对服务业-工业就业份额比的影响效果有所扩大。对此一个可能的解释是，发达国家金融部门受金融危机的影响相对较大，故其服务业-工业就业份额比在后金融危机时期可能经历了较大的下降。由于这些国家往往具有较高的老年抚养比，这可能导致低估老年抚养比的影响。因此，在剔除危机后的样本后，发现老年抚养比前面的系数有所扩大。

鉴于WDI数据中缺乏对劳动力年龄结构的直接度量指标，本章继而利用IHS数据进行重新检验。IHS数据提供了22个国家自1846年以来每5岁一组的各年龄段人口数据，可以精确度量劳动力年龄结构。由于目前青年与非青年劳动力的划分标准并不统一，如联合国以25岁为界，联合国人居署、非洲青年宪章等联合国机构和我国的一些中央文件则以32岁或35岁为界，而联合国和世界卫生组织的一些文件又以 45 岁为界[①]，为考察检验结果的稳健性，我们将在本章中依次使用 25 岁、35 岁和 45 岁作为青年和非青年劳动力的分界年龄：从 15 岁起至分界年龄以下的劳动力被称为青年劳动力，从分界年龄起至 64 岁的劳动力被称为非青年劳动力。考虑到男性和女性的劳动参与率不同，其年龄结构对产业结构的影响效果也可能相应地不同，因此本章还利用 IHS 数据分别计算了男性和女性人口的年龄结构。

表 4.2 和表 4.3 报告了用三种不同分界年龄定义劳动力年龄结构，并用之替代表 4.1 中老年抚养比变量后重新估计的结果。其中，表 4.2 中仅控制了年龄结构和固定效应，表 4.3 则参照表 4.1，额外控制了可能影响产业结构的其他因素。表 4.2 和表 4.3 中的第（1）—（3）列结果显示，无论是以 25 岁、35 岁还是 45 岁为分界年龄，无论是否控制人均 GDP 以及政府支出和贸易量占 GDP 的规模，非青年劳动力占比始终与服务业-工业相对规模正相关。结果显示，随着分界年龄的提高，非青年劳动力占比对服务业-工业相对规模的影响效果有所加强。这与图 2.2 和图 2.3 所显示的特征一致，即在某些定义下，青年劳动力和非青年劳动力在消费支出和就业选择中的产业结构差异可能在 45 岁以后才完全显现，从而可能导致非青年劳动力占比的效果随分界年龄的提高而逐渐增加。

表 4.2 和表 4.3 中的第（4）—（9）列报告了以男性或女性人口年龄结构替代总人口年龄结构后的估计结果。分性别对比显示，男性非青年劳动力占比对产业结构的影响效果大于女性非青年劳动力占比。该差异在使用较高的分界年龄时更为显著。男性人口年龄结构对产业结构的影响更大，可能与其相对较高的劳动参与率有关。

[①] 见 https：//en.wikipedia.org/wiki/Youth；http：//www.gov.cn/zhengce/2017-04/13/content_5185555.htm#1；http：//protmed.uoradea.ro/facultate/anale/ecotox_zooteh_ind_alim/2010/ipa/42%20Cuc%20Albinita.pdf［访问时间：2019-8-30］。

表 4.2 劳动力年龄结构对服务业-工业就业份额比的影响分析

（不含其他控制变量）

因变量： 服务业/工业就业 份额比	全样本			男性			女性		
	25 岁分界 (1)	35 岁分界 (2)	45 岁分界 (3)	25 岁分界 (4)	35 岁分界 (5)	45 岁分界 (6)	25 岁分界 (7)	35 岁分界 (8)	45 岁分界 (9)
非青年劳动力／青年劳动力	0.266***	0.603***	1.155***	0.272***	0.653***	1.301***	0.250***	0.541***	0.951***
	(0.0399)	(0.124)	(0.318)	(0.0409)	(0.130)	(0.340)	(0.0385)	(0.117)	(0.289)
常数项	0.0620	0.181	0.313**	0.0618	0.145	0.263*	0.0913	0.236*	0.395***
	(0.119)	(0.138)	(0.147)	(0.120)	(0.141)	(0.153)	(0.118)	(0.133)	(0.138)
观测值	234	234	234	234	234	234	232	232	232
R^2	0.174	0.101	0.059	0.173	0.106	0.065	0.168	0.093	0.049
组别数	22	22	22	22	22	22	22	22	22

注：***$p<0.01$，**$p<0.05$，*$p<0.1$，括号内是标准误；回归中还控制了国家和年份固定效应。

表 4.3　劳动力年龄结构对服务业-工业就业份额比的影响分析（包含其他控制变量）

因变量：服务业/工业就业份额比	全样本			男性			女性		
	25 岁分界 (1)	35 岁分界 (2)	45 岁分界 (3)	25 岁分界 (4)	35 岁分界 (5)	45 岁分界 (6)	25 岁分界 (7)	35 岁分界 (8)	45 岁分界 (9)
非青年劳动力/青年劳动力	0.212***	0.535***	0.678*	0.205***	0.544***	0.840**	0.204***	0.496***	0.392
	(0.0419)	(0.134)	(0.359)	(0.0421)	(0.130)	(0.346)	(0.0405)	(0.135)	(0.340)
常数项	-0.498***	-0.505**	-0.160	-0.442**	-0.477**	-0.222	-0.501***	-0.486**	-0.00855
	(0.179)	(0.213)	(0.233)	(0.175)	(0.201)	(0.217)	(0.181)	(0.225)	(0.234)
观测值	119	119	119	119	119	119	118	118	118
R^2	0.531	0.490	0.424	0.523	0.496	0.438	0.528	0.475	0.407
组别数	22	22	22	22	22	22	22	22	22

注：***$p<0.01$，**$p<0.05$，*$p<0.1$，括号内是标准误；回归中还控制了国家和年份固定效应；其他控制变量同表 4.1，在此不再列出。

第二节　结合人口年龄结构的产业转型理论模型

上一节的经验证据表明，无论是利用我国数据还是利用跨国数据的实证研究均显示，劳动力年龄结构老龄化伴随服务业相对工业规模的扩张。正如我们在第二章中所讨论的，劳动力年龄结构可能从三方面影响产业结构。首先，由于各年龄段人口在不同产品间的消费支出结构存在差异，劳动力年龄结构变化将对服务业相对工业规模造成需求面冲击。一般来说，在老年人的消费支出结构中，服务业占比相对较高，故从需求面来看，劳动力老龄化可能导致服务业相对工业规模上升。其次，由于各产业的劳动力年龄构成不同，劳动力年龄结构变化也将对服务业相对工业规模造成供给面冲击。一般来说，在服务业部门中，青年劳动力的占比相对较低，故从供给面来看，劳动力老龄化也可能导致服务业相对工业就业份额比上升。最后，劳动力年龄结构还可能通过供给面影响需求面，对服务业-工业相对规模造成交互影响。这是因为劳动力老龄化导致青年劳动力的相对工资上涨和利率下降。一般来说，青年劳动力相对更多地消费工业品，故劳动力老龄化可能导致服务业-工业相对规模下降。显然，上述三方面影响的净效果取决于它们的相对大小。如果前两方面影响的合力大于第三方面交互影响的效果，则可以印证本章第一节的实证发现，即劳动力老龄化程度与服务业-工业相对规模正相关。

本节将消费者偏好结构随年龄改变和产业劳动力年龄结构存在差异这两方面的经验证据抽象为理论假设，刻画劳动力年龄结构影响服务业-工业相对规模的理论机制。为此，考虑一个两期世代交叠模型。其中，每代人在其存活的第一期被称为青年人，记为 Y；在第二期被称为非青年人，记为 O。于是，任意时刻 t 的总人口都由两类群体构成：$t-1$ 刻出生、目前存活在第二期的非青年人，记其总人数为 l_t^O；t

刻出生、目前存活在第一期的青年人，记其总人数为 l_t^Y。

一、对供给面的理论刻画

假设工业与服务业部门在生产过程中均使用三种要素：青年劳动投入、非青年劳动投入和资本投入。为简单起见，假设每代人在其存活的两期中均无弹性地提供劳动投入，每人每期的劳动禀赋为 1。于是，第 t 刻青年劳动投入和非青年劳动投入的总供给分别为 l_t^Y 和 l_t^O。令第 t 刻资本的总供给为 k_t，它源自上一代青年人的储蓄。如果第 $t-1$ 刻每名青年人的储蓄为 s_t，则 $k_t = s_t l_{t-1}^Y$。为刻画产业间的要素分配，记 l_t^Y、l_t^O 和 k_t 中投入工业部门的比例分别为 θ_t^Y、θ_t^O 和 ψ_t。假设两部门均使用柯布-道格拉斯形式的生产技术，并以 A 表示全要素生产率，则两部门的生产函数可分别被写成：

$$y_t^M = A_t^M [(\theta_t^Y l_t^Y)^{h_M} (\theta_t^O l_t^O)^{1-h_M}]^{\gamma} (\psi_t k_t)^{1-\gamma},$$

$$y_t^S = A_t^S \{[(1-\theta_t^Y) l_t^Y]^{h_S} [(1-\theta_t^O) l_t^O]^{1-h_S}\}^{\gamma} [(1-\psi_t) k_t]^{1-\gamma},$$

(4.1)

其中，$1-\gamma$ 表示生产成本中资本所占的份额。尽管现有文献指出[①]，资本密集度差异也是影响产业结构转型的因素之一，但为简化模型，本章暂不考虑资本密集度差异对产业结构的影响，故而假设 γ 在两个部门中相同。本章主要强调两部门对青年劳动力与非青年劳动力的相对依赖度不同。具体来说，记在工业生产中的青年劳动力和非青年劳动力份额分别为 γh_M 和 $\gamma(1-h_M)$，服务业生产中为 γh_S 和 $\gamma(1-h_S)$。经验证据表明，工业部门相对较多地使用青年劳动力，服务业部门相对较多地使用非青年劳动力。因此，本章假设：

---

① Acemoglu, D., Guerrieri, V. Capital deepening and nonbalanced economic growth [J]. *Journal of Political Economy*, 2008, 116 (3): 467-498.

假设 4.1：$h_M > h_S$。

分别令 W_t^Y、W_t^O 和 R_t 表示青年劳动力工资率、非青年劳动力工资率和利率，令 P_t^M 和 P_t^S 表示工业品和服务业品价格。根据利润最大化问题的一阶条件，可以从（4.1）式中解出三种要素在两部门间的分配比例，以及各部门产品的价格和利率水平：

$$\theta_t^Y = \frac{\mu - h_M (\omega_t n_t)^{-1}/(1-h_M)}{\mu - 1}, \quad \theta_t^O = \frac{(1-h_S)\omega_t n_t/h_S - 1}{\mu - 1},$$

$$\psi_t = \frac{(1-h_S)\omega_t n_t - h_S}{(h_M - h_S)(1-\omega_t n_t)}, \quad R_t = \frac{1-\gamma}{\gamma} \frac{W_t^O (1-\omega_t n_t)}{s_t},$$

$$P_t^j = \frac{1}{A_t^j} \left(\frac{R_t}{1-\gamma}\right)^{1-\gamma} \left(\frac{W_t^Y}{\gamma h_j}\right)^{\gamma h_j} \left[\frac{W_t^O}{\gamma(1-h_j)}\right]^{\gamma(1-h_j)} \quad (j = M, S),$$

(4.2)

其中，$\omega_t = W_t^Y / W_t^O$ 表示当期青年与非青年劳动力的工资率之比，$n_t = l_t^Y / l_t^O = l_t^Y / l_{t-1}^Y$ 表示当期的人口结构。常参数 $\mu = h_M(1-h_S)/h_S(1-h_M)$，根据假设 4.1，有 $\mu > 1$。显然，（4.2）式表明，三种要素在两部门间的分配完全由 $\omega_t n_t$ 决定。除 $\omega_t n_t$ 外，物价和利率水平还取决于 s_t、W_t^Y 和 W_t^O 等。

二、对需求面的理论刻画

每代人的各期消费均由工业品消费和服务业品消费两部分组成。在其存活的第一期，除消费外，青年人还要进行储蓄。假设工业品既可用于消费又可用于储存，而服务业品只能用于消费。因此，考虑第 t 代的代表性个体，其面临以下效用最大化问题：

$$\max \ln (x_t^{YM})^{\alpha_Y} (x_t^{YS})^{1-\alpha_Y} + \beta \ln (x_t^{OM})^{\alpha_O} (x_t^{OS})^{1-\alpha_O},$$

$$\text{s.t. } P_t^M (x_t^{YM} + s_{t+1}) + P_t^S x_t^{YS} = W_t^Y, \quad P_{t+1}^M x_{t+1}^{OM} + P_{t+1}^S x_{t+1}^{OS} = W_{t+1}^O + s_{t+1} R_{t+1},$$

(4.3)

其中，x_t^{YM} 和 x_t^{YS} 表示第 t 代的代表性个体在青年期消费的工业品和服务业品数量，s_{t+1} 表示用于储蓄的工业品数量，x_t^{OM} 和 x_t^{OS} 则表示其在非青年期消费的工业品和服务业品数量。（4.3）式中的两个预算约束式表明，青年期在两种商品上的消费性支出加上在工业品上的储蓄支出等于当期工资收入；非青年期在两种商品上的消费性支出则等于当期工资收入加上储蓄回报。为刻画青年期和非青年期消费偏好结构的差异，本章假设该代表性个体在两个存活期的消费中对工业品和服务业品的复合方式不同。在（4.3）式中，α_Y 表示青年期消费性支出中的工业品比重，α_O 则表示非青年期的工业品比重。经验证据表明，青年人相对较多地消费工业品，非青年人相对较多地消费服务业品。因此，本章假设：

假设 4.2：$\alpha_Y > \alpha_O$。

根据效用最大化问题的即期一阶条件，可以从（4.3）式中解出青年和非青年对两种商品的消费数量为：

$$P_t^M x_t^{YM} = \alpha_Y (W_t^Y - P_t^M s_{t+1}), \quad P_t^S x_t^{YS} = (1 - \alpha_Y)(W_t^Y - P_t^M s_{t+1}),$$
$$P_t^M x_t^{OM} = \alpha_O (W_t^O + s_t R_t), \quad P_t^S x_t^{OS} = (1 - \alpha_O)(W_t^O + s_t R_t).$$

(4.4)

根据效用最大化问题的跨期一阶条件，并结合供给面利润最大化一阶条件（4.2）式，可以从（4.3）式中解出青年人的工业品储蓄数量为：

$$s_{t+1} = \frac{\beta W_t^Y}{P_t^M} \left[1 + \beta + \frac{\gamma}{(1-\gamma)(1-\omega_{t+1} n_{t+1})} \right]^{-1}. \quad (4.5)$$

三、市场出清与均衡

以上模型设定在刻画供给面形式时，已经考虑了要素市场的出清条件，具体包括两种类型劳动力和资本投入的总量出清，以及它们在部门间的分配方式。因此，要求解均衡，只需再施加以下两个产品市场的出清条件：

$$(x_t^{YM} + s_{t+1}) l_t^Y + x_t^{OM} l_t^O = y_t^M, \quad x_t^{YS} l_t^Y + x_t^{OS} l_t^O = y_t^S. \quad (4.6)$$

将（4.2）、（4.4）、（4.5）式代入（4.6）式，可以将（4.6）式改写为关于 $\{\omega_t, n_t\}$ 的迭代方程组：

$$\alpha_Y \omega_t n_t + \frac{\beta(1-\alpha_Y) \omega_t n_t}{1 + \beta + \dfrac{\gamma}{(1-\gamma)(1-\omega_{t+1} n_{t+1})}} + \frac{\alpha_O [1-(1-\gamma)\omega_t n_t]}{\gamma}$$

$$= \frac{(1-h_s) \omega_t n_t / h_s - 1}{\gamma(1-h_M)(\mu-1)},$$

$$(1-\alpha_Y) \omega_t n_t - \frac{\beta(1-\alpha_Y) \omega_t n_t}{1 + \beta + \dfrac{\gamma}{(1-\gamma)(1-\omega_{t+1} n_{t+1})}}$$

$$+ \frac{(1-\alpha_O)[1-(1-\gamma)\omega_t n_t]}{\gamma} = \frac{\mu - (1-h_s) \omega_t n_t / h_s}{\gamma(1-h_S)(\mu-1)}. \quad (4.7)$$

由于总是可以选择一种商品作为计价物，并将其价格（例如 P_t^M）规则化为1，因此（4.7）式中有一个式子是多余的。为了看清这点，可将（4.7）式中的两式相加，不难发现这将得到一个恒等式。因此，模型均衡由以下迭代方程决定：

$$\alpha_Y \omega_t n_t + \frac{\beta(1-\alpha_Y) \omega_t n_t}{1 + \beta + \dfrac{\gamma}{(1-\gamma)(1-\omega_{t+1} n_{t+1})}}$$

$$+ \frac{\alpha_O [1-(1-\gamma)\omega_t n_t]}{\gamma} = \frac{(1-h_s) \omega_t n_t / h_s - 1}{\gamma(1-h_M)(\mu-1)} \quad (*)$$

根据（*）式，内生的相对工资序列 $\{\omega_t\}$ 完全取决于外生的人口结构序列 $\{n_t\}$。一旦决定了 $\{\omega_t\}$，根据（4.2）式，也就决定了要素在部门间的分配序列 $\{\theta_t^Y, \theta_t^O, \psi_t\}$。将（4.2）式代入（4.4）式和（4.5）式，可知 $\{\omega_t\}$ 还决定了消费和储蓄数量序列 $\{x_t^{YM}, x_t^{YS}, x_t^{OM}, x_t^{OS}, s_t\}$。名义

量序列 $\{P_t^M, P_t^S, W_t^Y, W_t^O, R_t\}$ 也取决于 $\{\omega_t\}$，但只能决定它们的相对比例。其绝对水平取决于将哪个名义价格规则化为 1 以作为计价单位。

四、产业结构的决定

以服务业相对于工业的就业人数定义产业结构，可以根据以上模型的均衡解推知服务业-工业相对规模为：

$$\frac{l_t^S}{l_t^M} \triangleq \frac{(1-\theta_t^Y) l_t^Y + (1-\theta_t^O) l_t^O}{\theta_t^Y l_t^Y + \theta_t^O l_t^O} = \frac{P_t^S y_t^S}{P_t^M y_t^M} \frac{h_S + (1-h_S)\omega_t}{h_M + (1-h_M)\omega_t}. \tag{4.8}$$

这表明产业结构由两部分决定。其中，第一部分 $P_t^S y_t^S / P_t^M y_t^M$ 是服务业与工业部门的产值之比，本章称之为规模效应（scale effect，SE）。它反映了两部门产值的相对规模对相对就业份额的影响。根据产品市场出清条件和消费者即期效用一阶条件，SE 可被写成：

$$SE_t = \frac{(1-\alpha_O)(1+\beta+g_{t+1}) + (1-\alpha_Y) f_t(1+g_{t+1})}{\alpha_O(1+\beta+g_{t+1}) + f_t[\alpha_Y(1+g_{t+1})+\beta]}, \tag{4.9}$$

其中，$f_t \triangleq \omega_t n_t [1+(1-\gamma)(1-\omega_t n_t)/\gamma]^{-1}$，$g_{t+1} = \gamma [(1-\gamma)(1-\omega_{t+1} n_{t+1})]^{-1}$。因此，(4.9) 式表明，$SE_t = SE(\omega_t n_t, \omega_{t+1} n_{t+1})$。显然，人口结构 n_t 可以通过两条渠道直接和间接地影响 SE_t。其中，直接渠道是指在不改变两类劳动力相对工资的情况下，人口结构对产业结构的影响，可以由 $\partial SE_t / \partial n_t$ 表示。间接渠道是指人口结构通过两类劳动力的相对工资对产业结构产生影响，可以由 $\partial SE_t / \partial \omega_t \times \partial \omega_t / \partial n_t$ 表示。不难推知，在假设 4.2 下，这两种渠道的符号由下式决定：

$$\frac{dSE_t}{dn_t} = \frac{\partial SE_t}{\partial n_t} + \frac{\partial SE_t}{\partial \omega_t} \times \frac{\partial \omega_t}{\partial n_t}; \text{ 其中} \frac{\partial SE_t}{\partial n_t} < 0, \frac{\partial SE_t}{\partial \omega_t} < 0. \tag{4.10}$$

(4.10) 式表明，人口年龄结构对规模效应造成的直接影响为负。具体来说，当非青年相对于青年的人数上升，即 n_t 减小时，如果两类人的相对工资不变，则由于非青年更偏好消费服务业品，将导致服务业-工业相对产值规模SE_t上升。人口年龄结构对规模效应造成的间接影响则取决于$\partial SE_t/\partial \omega_t \times \partial \omega_t/\partial n_t$的符号。其中，由（*）式可知$n_t$与$\omega_t$反向变化，这意味着$\partial \omega_t/\partial n_t<0$，即非青年人数的相对增加会推高青年相对于非青年的工资ω_t，从而使青年的相对购买力上升。由于青年相对较多地消费工业品，其相对购买力上升将抑制服务业部门相对于工业部门的规模，即$\partial SE_t/\partial \omega_t<0$。因此，间接渠道的总效应为正，即$\partial SE_t/\partial \omega_t \times \partial \omega_t/\partial n_t>0$。

综上，人口年龄结构对产业结构规模效应的直接和间接影响渠道相反，其净效果取决于两者的相对大小。根据（4.9）式，规模效应完全由$\omega_t n_t$决定。这意味着两条渠道的净效果取决于$\omega_t n_t$如何变化。

在（4.8）式中，产业结构的第二部分$[h_S+(1-h_S)\omega_t]/[h_M+(1-h_M)\omega_t]$仅是相对工资率$\omega_t$的函数，本章称之为构成效应（composition effect，CE）。它反映了人口结构n_t变化在供给面上通过改变青年与非青年的相对工资ω_t，对产业结构造成的影响。将CE_t对ω_t求偏导，可知在假设4.1下有：

$$\frac{\partial CE_t}{\partial \omega_t}>0. \tag{4.11}$$

具体来说，当非青年相对于青年的人数上升，即n_t减小时，青年相对于非青年的工资ω_t上升。由于工业部门的劳动力构成更依赖于青年，这将导致工业部门的人数相对减少。

综上，可以将（4.10）和（4.11）式总结为以下定理：

定理4.1：劳动力年龄结构对服务业-工业相对规模产生两种效应。①规模效应（SE）。由于消费者的偏好结构因年龄而不同，因此该效果既通过在需求面上改变不同年龄消费者的相对人数（直接影响），也通过在供给-需求交叉面上改变不同年龄消费者的相对工资率（间接影响），影响服务业-工业相对规模。青年的相对人数 n 和青年的相对工资率 ω 对 SE 的偏效应均为负。但由于均衡时 ω 随 n 反向变化，人口结构 n 对 SE 的直接影响与经由 ω 产生的间接影响符号相反。②构成效应（CE）。由于不同产业的劳动力年龄构成不同，因此该效果通过改变供给面上青年相对于非青年劳动力的工资率而影响服务业-工业相对规模。青年的相对工资率 ω 对 CE 的偏效应为正。由于均衡时 ω 随 n 反向变化，故 CE 与 n 负相关。

五、稳态和转移路径

当 $n_t \equiv n$ 时，模型达到稳态均衡。在稳态均衡上，青年相对非青年的工资率 ω 也是常数，由（*）式作为隐函数决定。显然，（*）式表明，稳态均衡中的 ωn 完全由外生参数 $\{\alpha_Y, \alpha_O, h_M, h_S, \beta, \gamma\}$ 决定。根据（4.9）式，如果人口结构发生一次性的永久变化，即 n 突然变成 n' 并保持不变，则由于新稳态均衡中的 $\omega' n'$ 与原稳态均衡中的 ωn 相等，有 $SE' = SE$。也就是说，稳态均衡中人口结构的变化不改变规模效应，其对产业结构的影响将完全由构成效应决定。该结论可以被总结为以下定理：

定理 4.2：在稳态均衡上，劳动力年龄结构变化对规模效应造成的直接偏效应与经由相对工资产生的间接偏效应互相抵消，从而服务业-工业相对规模由构成效应决定。由于劳动力老龄化时青年劳动力与非青年劳动力的相对工资上升，构成效应增大，因此服务业就业份额相对于工业就业份额上升。

考虑人口年龄结构发生一次性的永久变化，导致青年与非青年人口比例从 n 下降到 n'。定理 4.2 指出，新的稳态均衡与原稳态均衡相比，服务业-工业就业份额比更高。但仍有待解答的是，从原稳态到新稳态，转移路径上的产业结构如何变化。为此，考虑模型均衡解（*）式。假

设 n 的变化发生在第 $t+1$ 刻。由于第 t 刻仍处在原稳态，有 $\omega_t n_t = \omega n$。为使（*）式成立，可知 $\omega_{t+1} n_{t+1} = \omega_{t+1} n' = \omega n$。但根据定理 4.2，若 ω' 为新稳态中的青年相对工资率，则新稳态中的 $\omega' n'$ 与原稳态中的 ωn 应当相等。因此，$\omega_{t+1} = \omega'$。

当然，这并不意味着模型不具备转移路径。具体来说，考虑由（4.5）式决定的人均储蓄。将（4.2）式决定的物价水平代入（4.5）式，不难发现人均储蓄的动态路径由下式决定：

$$s_{t+1} = \eta\, s_t^{1-\gamma}\, n_t^{\gamma h_M - 1}, \qquad (4.12)$$

其中，η 是一个由 ωn 和外生参数决定的常数。当 n_t 不变时，稳态中有 $s_t = s_{t+1}$。若 n_{t+1} 从 n 下降到 n'，将导致 s 的稳态值上升。（4.12）式表明，s_{t+1} 将从原稳态值 s 跃升至 $\eta s^{1-\gamma} n'^{\gamma h_M - 1}$，随后按 $1-\gamma$ 的速度向新的稳态值 s' 收敛。因此，上面的分析表明，尽管在转移路径上储蓄率将缓慢地从原稳态值向新稳态值收敛，但产业结构调整的速度更快，将即刻达到新稳态。需要注意的是，在世代交叠模型中，一代人往往参照人口学含义，对应 20—30 年。因此，模型中产业结构表现出的迅速调整其实相当于在现实中的 20—30 年间完成。为了检验真实数据中 20—30 年前人口年龄结构的变化是否还对产业结构产生影响，表 4.4 在表 4.1 的基础上额外控制了滞后的老年抚养比。通过分别考虑滞后 15 年、20 年、25 年和 30 年的老年抚养比，如表 4.4 所示，人口结构的滞后项或者在显著性和经济效力上均小于当期值，或者不显著。这与理论模型关于转移路径上产业结构调整迅速完成的结论一致。

表 4.4　滞后期劳动力年龄结构对服务业-工业相对规模的影响

因变量：服务业-工业就业份额比 t	控制变量：老年抚养比				
老年抚养比 t	1.279**	1.019**	0.914*	0.927**	0.875**
	(0.640)	(0.510)	(0.551)	(0.403)	(0.440)

(续表)

因变量: 服务业-工业就业份额比 t	控制变量: 老年抚养比				
老年抚养比 $t-15$	0.925*				
	(0.544)				
老年抚养比 $t-20$		0.726*			
		(0.432)			
老年抚养比 $t-25$			1.436		
			(0.957)		
老年抚养比 $t-30$				1.207	
				(0.754)	
观测值	3 088	3 088	3 088	3 088	3 088
R^2	0.437	0.436	0.436	0.436	0.436
组别数	186	186	186	186	186

注:***$p<0.01$,**$p<0.05$,*$p<0.1$,括号内是标准误;回归中还控制了国家和年份固定效应;其他控制变量同表4.1,在此不再列出。

第三节 基于理论模型的结构转型历史模拟与趋势预测

一、理论模型对我国产业结构转型历史的数值模拟

利用我国的历史统计数据,可以校准上述理论模型中的主要参数,进而可以根据我国劳动力年龄结构的历史数据,模拟产业结构转型的历史路径,并通过与真实历史路径拟合对比,考察模型的解释能力。为校准模型参数,首先根据文献中的一般取值,设效用贴现率 $\beta=0.98$。由于最终消费的复合函数(4.3)式和生产函数(4.1)式均具有柯布-道格拉斯形式,青年劳动力与非青年劳动力的偏好结构系数 α_Y 和 α_O 分别对应两类人工业消费支出占总支出的份额,工业和服务业部门的劳动力年龄结构系数 h_M 和 h_S 分别对应两部门支付给青年劳动力的工资占工资

总支出的份额。因此，可以根据历史数据计算以上支出份额和工资份额，以估算这四个参数。

为计算支出份额和工资份额，与前文实证分析一致地，在此依次考虑将 25 岁、35 岁和 45 岁作为青年和非青年劳动力的分界年龄。利用 CFPS 数据，通过（2.1）和（2.2）式中的估算方法，可知在三种分界年龄下，α_Y 和 α_O 分别为（0.590，0.538）、（0.577，0.523）和（0.543，0.535），均有 $\alpha_Y > \alpha_O$，符合理论模型部分的假设 4.1。需要说明的是，图 2.2 显示，无论将食品支出归为三次产业消费中的哪一类，始终有青年劳动力的服务业-工业相对支出规模低于非青年劳动力。为简化分析，在按照以上三种分界年龄估算 α_Y 和 α_O 时，均将食品支出全部归入农业部门。这是因为，根据国家统计局公布的 1995—2013 年间的城镇居民食品支出细项数据，食品支出中按"食品加工服务费用+在外饮食业×50%"这一统计局官方定义的服务性消费支出的占比仅为 10%，而更大程度上可能涉及工业消费的烟草类、酒和饮料以及奶和奶制品等三类细项支出占食品支出的比例也不超过 13%，所以，即使对城镇居民进行保守估计，食品支出中也有超过 3/4 应归属农业消费。对农村居民而言，该比例可能更高。不过，即使调整食品支出在三次产业中的归类方式，尝试性的研究结果显示，这也不会改变数值模拟的主要结论。为估算工资份额，本章同样利用 CFPS 数据，计算出青年劳动力与非青年劳动力的工资收入比例，从而确定在 25 岁、35 岁和 45 岁三种分界年龄下，h_M 和 h_S 分别为（0.127，0.120）、（0.412，0.410）和（0.743，0.727），均有 $h_M > h_S$，符合假设 4.2。

为计算青年劳动力与非青年劳动力人数之比 n，必须利用分年龄的人口统计数据，这在我国较为匮乏。在 2003 年以前，仅有历次人口普查数据才公布我国分年龄的劳动力人数数据。2003 年及以后，国家统计局网站则每年都公布该数据。考虑到理论模型刻画了劳动力年龄结构的长期变化对产业结构的影响,又鉴于 2003 年以前由于第四次人口普查数据可得性的缺失,仅有第一、二、三和五次人口普查数据可供计算劳动力年龄结构,因此在数值模拟中,将 1953—2014 年划分为 1953—1964 年、1964—1982 年、1982—2000 年和 2000—2014 年四个首尾重叠的时期。对前三个时期而言,每个时期的期初和期末两年均对应于人口普查年份,可以用这两次人口普查数据中劳动力年龄结构的均值衡量该时期平均的劳动力年龄结构。对最后一个时期,可以用 2000 年第五次人口普查数据中的劳动力年龄结构和 2003 年及以后每年公布的劳动力年龄结构的均值,衡量该时期平均的劳动力年龄结构。需要补充说明的,根据表 4.4,年龄结构对于产业结构的滞后影响不超过 20 年,这也大致对应于我国相邻两次人口普查之间的时间间隔,故而为以上处理方法提供了依据。

给定 α_Y、α_O、h_M、h_S 和 β 等外生参数的取值,便可以对理论模型进行数值模拟。具体来说,首先可以依据均衡式($*$)求得稳态上的 ωn。根据上述方法计算各时期劳动力年龄结构的平均水平 n,可得相应时期的相对工资率 ω,进而根据(4.8)式,算出各时期服务业-工业就业份额比的模拟值。为便于比较,本章对各时期内产业结构的历史数据也进行如下的平均化处理。具体来说,考虑到 1958—1960 年间的"大跃进"对产业结构造成了短期巨大的冲击,因此在第一个时期内剔除了这三年的数据,计算服务业-工业就业份额比的简单平均值,作为 1953—1964 年间的平均产业结构。对于其他时期,则用期间各年的服务业-工业相对就业份额均值作为平均产业结构。图 4.3 展示了在 25 岁、35 岁和 45 岁三种青年与非青年劳动力分界年龄下,产业结构数值模拟结果与实际数据均值的对比结果。其中,各时期的实际平均服务业-工业相对就业份额由实线表示,以 25 岁、35 岁和 45 岁作为分界年龄时的数值模拟结果则分别由短虚线、长虚线和点折线表示。

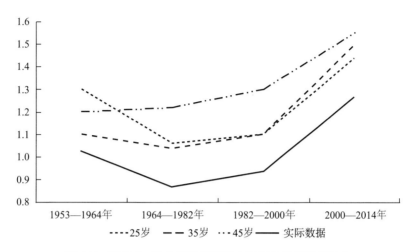

图 4.3 服务业-工业相对规模历史数据与模拟结果对比

如图 4.3 所示，数值模拟结果较好地体现了理论模型刻画的劳动力年龄结构变化对产业结构的影响。当以 25 岁为分界年龄时，非青年劳动力与青年劳动力人数之比在 20 世纪 50—80 年代有所下降，从 1953 年的 5.09 迅速下降至 1982 年的 2.09，可以看到以短虚线刻画的服务业-工业相对规模在该时期也同样下降；非青年劳动力与青年劳动力人数之比在此后逐渐回升至 2010—2014 年的 3.75—4.31，而服务业-工业相对规模在该时期也同样回升。当以 35 岁为分界年龄时，非青年劳动力与青年劳动力人数之比从 1953 年的 0.79 下降到 1982 年的 0.69，降幅较以 25 岁为分界年龄时小，因而如图 4.3 中的长虚线所示，服务业-工业相对规模在此时期的降幅也相对较小；非青年劳动力与青年劳动力人数之比此后回升迅速，至 2010—2014 年时平均已达到 1.39，因而该时期服务业-工业相对规模的增幅相对较大。当以 45 岁为分界年龄时，非青年劳动力与青年劳动力人数之比的最低值提早于 1964 年的二普数据中出现；由于 1982 年非青年劳动力与青年劳动力人数之比高于 1953 年，因此 1964—1982 年间的平均劳动力年龄结构与 1953—1964 年间相比略显老龄化，图 4.3 中点折线所示的服务业-工业相对规模也相应地逐渐上升。

与此同时，在任一分界年龄下，服务业-工业相对规模的数值模拟结果都能较好地拟合实际数据的演变趋势。具体来说，如图4.3中的实线所示，服务业-工业相对规模在现实中大体呈"U"形走势，其转折点出现在1964—1982年间。而在25岁和35岁两种分界年龄下，基于理论模型的服务业-工业相对规模数值模拟结果均能体现该"U"形特征。而当以45岁为分界年龄时，数值模拟结果也仍能较好反映后三段时期中服务业-工业相对规模的递增趋势。

二、理论模型对我国未来产业结构的趋势预测

最后，本章试图利用我国人口预测数据，基于理论模型导出的结论，对我国未来的产业结构进行定量预测。① 图4.4中的人口预测数据显示，我国的人口年龄结构在2010—2050年将面临快速老龄化趋势：2010年分布中20—25岁和40—49岁两个年龄段的人口峰值将显著向右移动到2050年分布中的60—65岁和80—89岁，同时50岁以下的人口占比将显著减少，而60岁以上的人口占比将显著增加。仍以25岁、35岁和45岁作为分界年龄，利用该人口预测数据计算可知，非青年劳动力的占比将分别从2015年的79.5%、57.6%和35.7%上升至2050年的83.9%、66.2%和46.1%。根据本章的理论模型可知，劳动力年龄结构的老龄化将导致服务业-工业相对规模上升。

为考察在劳动力年龄结构老龄化的背景下，我国未来的产业结构如何演变，可以将2015—2050预测窗口分成四个首尾重叠的时期：2015—2020年，2020—2030年，2030—2040年和2040—2050年。利用图4.4中的人口预测数据，以25岁、35岁和45岁作为分界年龄，可以

---

① 本章人口预测数据来自：胡英，蔡昉，都阳."十二五"时期人口变化及未来人口发展趋势预测[M]//人口与劳动绿皮书（2010）. 北京：社会科学文献出版社，2010。

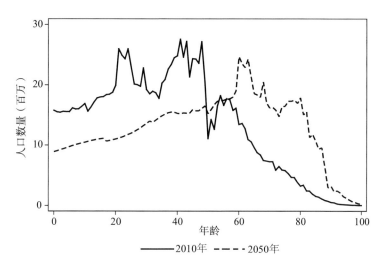

图 4.4　2010 年和 2050 年全国人口年龄分布对比

依次计算四个时期内平均的劳动力年龄结构。利用与图 4.3 相同的数值模拟方法，可以估算每个时期平均的服务业-工业相对规模。估算结果如表 4.5 所示。结果显示，无论选择何种分界年龄，预测结果均表明服务业-工业相对规模将呈上升趋势。具体来说，当以 25 岁为分界年龄时，服务业-工业相对规模将从 2015—2020 年间平均的 1.512 上升至 2040—2050 年间的 1.652，其增速两头快、中间慢；当以 35 岁为分界年龄时，服务业-工业相对规模将从 1.574 上升至 1.801，其增速先快后慢；当以 45 岁为分界年龄时，服务业-工业相对规模将从 1.651 上升至 1.883，其增速略微逐渐加快。

表 4.5　各时期平均服务业-工业相对规模预测值

时期 \ 分界年龄	25 岁	35 岁	45 岁
2015—2020 年	1.512	1.574	1.651
2020—2030 年	1.549	1.683	1.711
2030—2040 年	1.570	1.753	1.786
2040—2050 年	1.652	1.801	1.883

不过，表4.5所示的数值模拟预测结果依赖于模型参数保持不变这一理论前提假设。根据2010—2014年的CFPS数据，模型参数在短期内的变化不大，这为该前提成立提供了一定的经验支撑。但在长期中，无论是消费者偏好结构还是厂商生产函数形式，均可能随时间而改变。为此，有必要分析预测结果对模型参数取值的敏感度。简单起见，本章选择以25岁的分界年龄为分析情景，但其实在其他分界年龄的情景下，敏感度分析的结论基本相似。以25岁为分界年龄，表4.6的第一列对应于表4.5的第一列；而后面八列报告了 α_Y、α_O、h_M 和 h_S 四个关键参数的取值依次较各自在表4.5第一列中的基准值（1.512，1.549，1.570，1.652）上升或下降1%后的预测结果。

表4.6 预测结果对需求面和供给面参数的敏感度分析

服务业-工业相对规模	基准	$\alpha_Y \uparrow 1\%$	$\alpha_Y \downarrow 1\%$	$\alpha_O \uparrow 1\%$	$\alpha_O \downarrow 1\%$	$h_M \uparrow 1\%$	$h_M \downarrow 1\%$	$h_S \uparrow 1\%$	$h_S \downarrow 1\%$
2015—2020年	1.512	1.506	1.523	1.498	1.523	1.509	1.515	1.515	1.509
2020—2030年	1.549	1.540	1.567	1.538	1.560	1.543	1.552	1.550	1.538
2030—2040年	1.570	1.554	1.581	1.543	1.579	1.564	1.583	1.576	1.553
2040—2050年	1.652	1.607	1.674	1.605	1.662	1.643	1.660	1.657	1.649

表4.6说明，参数取值改变并不影响预测结果的基本特征。具体来说，随着劳动力年龄结构老龄化程度的上升，各列结果均显示服务业-工业相对规模逐渐上升，增速两头快、中间慢。表4.6还表明，当 α_Y 或 α_O 增大，即工业部门面临的需求增大时，服务业-工业相对规模较小。而当 h_M 增大或 h_S 减小时，即部门间的要素分配结构差异扩大时，服务业-工业相对规模较小。这是因为工业部门的非青年劳动力占比原本低于服务业部门，因此劳动力构成差异扩大意味着劳动力将以非青年劳动力与青年劳动力之比低于工业部门的组合方式从服务业部门流向工业部门，服务业-工业相对规模随之减小。

关于表 4.5 的另一个担忧是，本章使用的人口预测数据未考虑二孩政策的实施。2016 年 1 月 1 日，全面二孩政策正式实施。鉴于在模型中强调劳动力年龄结构对产业结构的影响，因此二孩政策在 2030 年以前，即二孩不满 15 岁时，并不影响模型结论。但在 2030—2050 年间，二孩政策可能改变劳动力年龄结构，对产业结构造成影响。因此表 4.7 依次考虑在 25 岁、35 岁和 45 岁三种分界年龄下，2030—2040 年和 2040—2050 年两个时期的非青年劳动力与青年劳动力之比相较于基准情形下降 5% 的情形。

表 4.7 预测结果对未来劳动力年龄结构取值的敏感度分析

时期 \ 分界年龄	25 岁	35 岁	45 岁
2015—2020 年	1.512	1.574	1.651
2020—2030 年	1.549	1.683	1.711
2030—2040 年	1.542	1.711	1.751
2040—2050 年	1.602	1.743	1.825

注：表中假设 2015—2020 年和 2020—2030 年两个时期的劳动力年龄结构与表 4.5 中相应时期相同；但各分界年龄下，2030—2040 年和 2040—2050 年两个时期的非青年劳动力与青年劳动力人数之比相较于表 4.5 中相应时期下降 5%。

结果显示，随着二孩政策缓解了劳动力老龄化进程，相较于表 4.5 的结果，2030—2050 年间的平均服务业-工业相对规模将下降 1.78%—3.02%。具体来说，在 35 岁和 45 岁两种分界年龄下，服务业-工业相对规模仍持续上升，但在 2030 年后增速将相对放缓。其中，与表 4.5 相比，35 岁分界年龄下服务业-工业相对规模下降 2.39%—3.22%，幅度略高于 45 岁分界年龄下的 1.96%—3.10%。在 25 岁分界年龄下，由于 2020—2030 年间和 2030—2040 年间平均服务业-工业相对规模的差别原本不大，受二孩政策影响，服务业-工业相对规模可能在2020—2030年间略降，在2030—2040年间重新上升。

尽管表4.5报告了对服务业-工业相对规模的预测结果，但工业和服务业部门的绝对就业份额可能同样引人关注。给定农业部门的就业份额，很容易根据表4.5的相对就业份额算出工业和服务业部门的绝对就业份额。由于本章并未考察农业就业份额的决定方式，因此在此假想两种情景。第一种情景假设农业就业份额始终维持在2015年28.5%的水平不变。该情形反映了纯粹由相对就业份额变化对绝对就业份额造成的影响。此时的预测结果如图4.5所示。

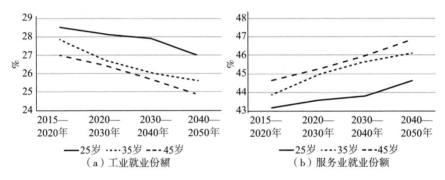

图4.5 农业就业份额不变时工业与服务业就业份额的预测结果

结果显示，当农业就业份额保持不变时，劳动力年龄结构老龄化将导致工业部门的就业份额持续下降，服务业部门的就业份额持续上升。具体来说，在三种分界年龄下，工业就业份额将从2015—2020年平均的27%—29%下降到2040—2050年平均的25%—27%（见图4.5a），而服务业就业份额则将从43%—44%上升至44%—47%（见图4.5b）。当以25岁为分界年龄时，两部门就业份额的净变化幅度最小。这是因为如图4.4所示，2010年人口年龄分布的第一个峰值已位于20—25岁。在25岁的分界年龄下，从2015年起这部分劳动者便不再对劳动力年龄结构产生影响，预测窗口中劳动力年龄结构的净变化因而相对较小。相反，当以45岁为分界年龄时，预测窗口中劳动力年龄结构的净变化幅度最大，因此工业与服务业就业份额的净变化幅度也最大。

在第二种情景下，本章参照现有文献①的计算结果，设定未来农业部门的就业份额水平。基于 DRC-CGE 模型，现有文献报告了农业部门就业份额的发展趋势。但其预测结果止于 2030 年，因此在此情景下本章仅能就 2020—2030 年间工业和服务业部门就业份额的平均值做出预测。根据其基准预测结果，该时期农业就业份额的均值为 24.75%。这样，利用表 4.5 中第二行关于该时期服务业-工业相对规模的预测结果，容易预测工业和服务业就业份额的均值。结果如表 4.8 的第一行所示。可见在 25 岁、35 岁和 45 岁三种分界年龄下，2020—2030 年间平均的工业就业份额将为 27.76%—29.52%，期间平均的服务业就业份额将为 45.73%—47.49%。

表 4.8 农业就业份额变化时 2020—2030 年间工业与服务业的平均就业份额预测

农业就业份额(%)	工业就业份额（%）			服务业就业份额（%）		
分界年龄	25 岁	35 岁	45 岁	25 岁	35 岁	45 岁
24.75	29.52	28.05	27.76	45.73	47.20	47.49
20.80	31.07	29.52	29.21	48.13	49.68	49.99
19.25	31.68	30.10	29.79	49.07	50.65	50.96

然而，现有文献对农业就业份额的预测结果可能存在系统性高估问题。根据他们的预测，2015 年的农业就业份额为 33.8%，而当年农业就业份额的实际值仅为 28.3%。因此，本章将考虑以下两种方式对他们的预测结果进行修正。第一种方式假设他们的预测始终偏高 19%，即 33.8%/28.3%-1，从而将 2020—2030 年间平均的农业就业份额修正为 24.75%/1.19=20.80%。第二种方式假设他们的预测始终偏高 5.5，即 33.8—28.3 个百分点，故修正后 2020—2030 年间平均的农业就业份额

---

① 见 www.esri.go.jp/jp/prj/int_prj/2010/prj2010_03_02.pdf［访问时间：2019-8-30］。

为 24.75% - 5.5% = 19.25%。以这两种方式进行调整，工业和服务业就业份额的预测结果分别如表 4.8 的第二和第三行所示。显然，由于调整后 2020—2030 年间的农业就业份额有所下降，工业和服务业的就业份额均有上升。其中，工业就业份额可能达到 29.21%—31.68%，服务业就业份额则可能达到 48.13%—50.96%。

  综上所述，基于本章理论模型的数值模拟预测结果表明，人口年龄结构是影响产业结构的重要因素之一。人口老龄化将导致服务业相对工业的就业比重上升。在对农业就业份额进行不同设定的情景下，服务业绝对就业份额几乎始终保持上升。而当农业就业份额缩减得不是太快时，工业绝对就业份额将略有减少。由于人口年龄结构具有相对稳定的变化趋势，本章的结果说明，基于人口年龄结构对产业结构进行预测可以为政策制定提供具有参考价值的预判依据。

第五章

产业结构对区域经济增长收敛的作用分析

本章首先回顾了我国地区间经济增长收敛表现的变化历史，揭示了在整体层面上缺乏经济增长收敛表现的事实。继而利用产业层面的数据进行实证分析，发现增长收敛表现在部门间存在明显差异：工业部门中绝大多数产业的增长在地区间收敛，而农业和服务业等非工业部门的增长则不收敛，甚至发散。进一步分解地区整体经济增长中不同组分的贡献表明，工业部门的增长收敛之所以未能带动整体经济增长收敛，主要原因不在于其他部门的增长不收敛或发散，而在于工业部门的初始份额在地区间分布不平衡。具体来说，工业生产率增长较快的地区由于工业部门初始份额较低，其工业部门的增长不能带动地区整体经济实现相对于发达地区的赶超。最后，反事实分析的结果显示，如果工业部门份额在地区间的初始分配情况得以均衡化，则地区整体经济增长表现就会在工业生产率收敛的推动下，呈现出收敛性质。

第一节 我国区域经济增长收敛的特征

改革开放四十余年来，中国经济的快速发展和工业部门的迅速崛起堪称经济增长奇迹。但我国经济高速增长的同时也伴随着地区间发展差异的持续变化。大量研究关注落后地区是否实现了向富裕地区的赶超，地区间的收入差距是否缩小，换言之，经济增长在地区间是否收敛。根据新古典增长理论，由于资本边际报酬递减，人均收入越低的地区经济增长速度会越快。[①] 这一规律被称为"β 收敛"。基于这一概念，大量实证研究检验了在我国的省级地区间，经济增长是否表现出收敛特征。虽然基于不同研究方法的实证研究得出的结论并不完全一致，但总的来说，现有研究普遍认为，改革开放以来我国的省际经济增长并不收敛，特别是在20世纪90年代呈现出逐步加强的发散趋势。[②]

图 5.1 展示了 1993 年以来，我国省际人均 GDP 的历史演变路径。如图所示，尽管在初始人均 GDP 排名靠近的省市之间，二十余年后人均 GDP 的排序可能发生变化——例如初始排名第二的北京市在 2016 年以 1 600 元左右的优势超越了初始排名第一的上海市，但在初始排名差距较大的省市间，几乎没有发生排序的逆转。事实上，在初始人均 GDP 低于省际中位数的 16 个省市中，只有陕西、宁夏、重庆和湖北四个省市在 2016 年的人均 GDP 超越了样本中位数，实现"逆转"。总体而言，1993 年人均 GDP 排名靠前的省市，2016 年的人均 GDP 依然领先于初始排名靠后的省市。

为更进一步揭示地区间经济发展差异的变化，可以计算省际人均 GDP 的变异系数。变异系数等于标准差与均值之比，反映了经过平均水平调整后，省际人均 GDP 的差异。其演变历史如图 5.2 所示。总体而言，人均 GDP 的变异系数呈倒"U"形变化：该系数首先从 1993 年

---

① Barro, R., Sala-i-Martin, X. *Economic Growth* [M]. 2nd ed. Cambridge, MA: MIT Press, 2003.

② 魏后凯. 中国地区经济增长及其收敛性 [J]. 中国工业经济, 1997 (3): 31-37. 沈坤荣, 马俊. 中国经济增长的"俱乐部收敛"特征及其成因研究 [J]. 经济研究, 2002, 1: 33-39. 刘夏明, 魏英琪, 李国平. 收敛还是发散？——中国区域经济发展争论的文献综述 [J]. 经济研究, 2004, 7 (1): 70-81.

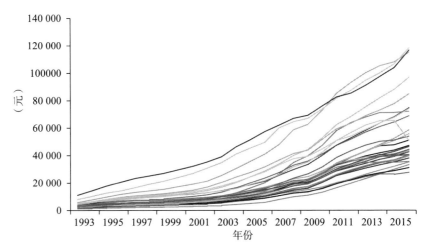

图 5.1 我国省际人均 GDP 的变化

的 0.636 上升至 2002 年的 0.696，随后又下降至 2016 年的 0.446。这意味着省际人均 GDP 在 20 世纪 90 年代不断发散，直到我国加入 WTO 后才有所收敛。但需要指出的是，二十余年来人均 GDP 较高省市的人数相对于人均 GDP 较低的省市而言明显增加。换言之，较发达地区在全国经济中所占的比重日益提高。因此，如果考虑省际经济总量的差异，则其收敛趋势将比图 5.2 更弱。

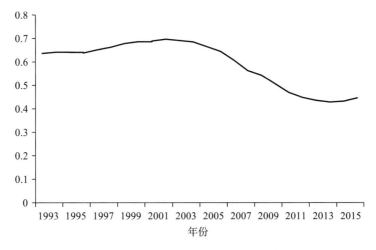

图 5.2 我国省际人均 GDP 变异系数的变化

基于"β 收敛"概念计算的"β 收敛系数"同样能够说明我国省际经济增长收敛性质表现不强,特别是在 90 年代出现了增长发散现象。为了更精确地衡量地区经济发展水平,本节参照 Rodrik(2012)的做法[①],剔除非劳动人口对地区增加值的"稀释效果"以计算各地区的劳均 GDP,即 GDP 与总就业人数之比。根据新古典增长理论,由于资本的边际报酬递减,地区间每单位劳动力的产出水平将不断收敛,这为使用劳均 GDP 而非人均 GDP 作为地区生产率衡量指标提供了理论依据。当不存在失业时,劳均 GDP 和人均 GDP 是相等的;但当存在失业时,劳均 GDP 将高于人均 GDP。之前的实证研究大多使用人均 GDP 指标检验我国的省际生产率收敛情况,仅有少数研究采用了劳均 GDP 指标[②]。本节采用 Rodrik 的算法来定义地区劳均 GDP 以衡量地区生产率水平,并在此基础上按照以下方法计算地区生产率的 β 收敛系数。具体来说,定义各地区每年的劳均 GDP 为自变量,定义各地区从该年到未来的 T 年之间的劳均 GDP 年均增速为因变量,采用 OLS 模型进行回归,得到自变量前的系数,这就是该年至未来 T 年期间省际生产率的平均 β 收敛系数。该系数为负时意味着地区间的生产率存在 β 收敛,为正时则意味着生产率发散;同时,该系数的取值越小,就意味着收敛速度越快。出于对结果稳健性的考量,我们在回归时对 T 的取值进行了不同设定,依次考虑 T 为 6 年、8 年和 10 年时的 OLS 回归,此时获得的 β 收敛系数估计值就依次反映了各年距离未来 6 年、8 年和 10 年期间的地区间生产率收敛情况。显然,当 T 取值较小时,估计系数反映了相对短期中的生产率收敛情况;而当 T 取值较大时,估计系数反映了相对长期内的生产率收敛情况。在 T 的三种取值情形下,β 收敛系数的具体历史走势如

---

① Rodrik, D. Unconditional convergence in manufacturing [J]. *Quarterly Journal of Economics*, 2012, 128 (1): 165-204.

② 林毅夫,刘培林. 中国的经济发展战略与地区收入差距 [J]. 经济研究,2003, 3 (11): 19-25.

图 5.3 所示。

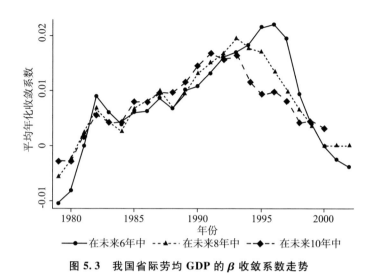

图 5.3　我国省际劳均 GDP 的 β 收敛系数走势

在图 5.3 中，无论 T 的取值如何，β 收敛系数的总体走势均呈现出先上升、后下降的倒"U"形变化规律。具体而言，在 20 世纪 80 年代和 90 年代中后期之间，β 收敛系数大多为正，且取值逐渐增大，这表明这段时间我国省际的生产率呈发散状态，并且发散速度不断增大。自 20 世纪 90 年代中后期开始到 21 世纪初，β 收敛系数大体呈现逐渐减小的变化趋势，但在大多数情况下取值仍大于 0，说明地区间的生产率收敛仍未出现。只有在 T 取值为 6 且在 2000 年以后的短暂几年中，β 收敛系数的估计值才小于 0。但尽管如此，该负值的绝对值依然很小，因此也难以作为地区间生产率收敛的有力依据。

第二节　不同产业的收敛性质差异

地区整体层面上的生产率缺乏收敛表现并不意味着不同产业的生产率在地区间同样不收敛。基于跨国数据进行实证研究，Rodrik（2012）发现生产率收敛的性质在行业内部和经济整体层面上存在巨大的差异。① 为了揭示产业间的生产率收敛性质在我国的省际同样存在差别，首先需要计算不同国民经济部门的劳动生产率，然后再按照 β 收敛的公式估算 β 收敛系数，从而分别刻画不同产业的生产率收敛情况。② 为此，本节将主要采用 1998—2007 年的我国规模以上工业企业数据库，通过在地区层面加总来衡量各省不同产业的劳动生产率。工业企业数据库涵盖了我国工业部门中的所有国有企业和年总产值在 500 万元以上的全部非国有"规模以上"企业。其数据涉及的企业数目由 1998 年的 150 733 家逐年增长到 2007 年的 335 076 家。这套数据库对我国的工业企业具有很强的代表性。例如，与 2004 年的全国第一次经济普查数据相比，工业企业数据库所涉及企业的销售总额占我国整个工业部门的 89.5%。因此，利用该数据库计算每个省级地区各行业中企业的平均劳均增加值，就能代表该地区-产业维度上的劳动生产率水平。③

对于这套数据需要做两点说明。第一，工业企业数据库对我国工业部门的代表性不是一成不变的，而是随着时间逐渐增强，这主要是因为在越靠后的时期中，企业的规模越能达到 500 万元的门槛。第二，不同省级地区工业部门涵盖的工业子行业也存在差异，并且当行业越细分时，这种差异度就越大，一个细分行业在所有地区中都存在的可能性也越低。举例来说，2007 年时四川省在两位数行业分类层面上囊括了所有工业子行业，但在四位数行业分类层面上却只包含了 87% 的子行业。同理，当工业子行业越细分时，不同省份间的差异也越大。举例来说，在两位数行业分类层面上，2007 年时 87% 的工业子行业在九成以上的省级地区中同时存在，但在四位数行业分类层面上，2007 年只有 15%

---

① Rodrik, D. Unconditional convergence in manufacturing [J]. *Quarterly Journal of Economics*, 2012, 128 (1): 165-204.
② 产业层面的劳均 GDP 等于产业的劳动生产率。
③ 先将数据按产业-省份层面进行加总，再计算每个产业-省份的劳均增加值，得到的结果与取平均值的做法没有质的区别。

的工业子行业在九成以上的省级地区中同时存在。显然，行业细分度的差异会因为涉及省份不同而造成对 β 收敛系数估计的差异。本节在实证分析过程中将以两位数行业分类标准作为基准情形，在此基础上再考虑其他行业分类细分度对结果稳健性的影响。

在图 5.4 的散点分布图中，横轴是 1998 年两位数工业子行业在各省和地区中的初始劳动生产率，纵轴是 1998—2007 年劳动生产率的增速，由图可知，总体而言，在工业行业层面，劳动生产率存在 β 收敛。具体来说，图中的一个点代表一个省级地区中的某个两位数工业子行业。横轴呈现了 1998 年时该地区中此行业的劳均增加值，以此衡量初始的劳动生产率水平。纵轴则是 1998—2007 年该地区此行业的劳均增加值的平均年增长速度，反映了劳动生产率的平均增速。图 5.4 显示这两个变量间总体上呈现负相关关系，即初始劳动生产率水平较高时，劳动生产率的增长速度一般较慢。这意味着在两位数工业子行业层面上，至少对所有产业整体而言，劳动生产率在我国的省级地区间服从收敛规律，与 β 收敛理论预测一致。

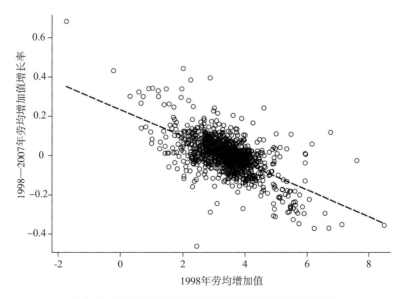

图 5.4　各地区两位数行业的初始劳均增加值与增速

不过图 5.4 仅在直观意义上展示了两位数工业子行业的劳动生产率在省级地区间存在 β 收敛性质，仍至少需要做两方面的改进。第一，在图 5.4 中，所有两位数工业子行业都被混合在一起，因而未能检验某个特定子行业中的劳动生产率是否收敛，也无法比较 β 收敛的速度在不同的工业子行业之间存在何种差异。第二，在利用工业企业数据库计算各行业的劳动生产率时，只能通过对企业的名义增加值进行加总的方法来推算，因此所获得的劳动生产率实际上是名义量，可能因为产品价格在地区间和时期间变化而波动，并不能准确地反映实际劳动生产率的变化特征。为了解决这两方面的局限，更严格地检验工业子行业中劳动生产率的收敛表现，本节接下来将采用计量方法重新估计 β 收敛系数。

具体来说，在该计量模型中假设 v_{ijt} 是地区名义劳动生产率，其中 j 表示地区（省、市、自治区），i 表示工业子行业，t 表示年份。相应地，假设 y_{ijt} 是实际劳动生产率。显然，实际劳动生产率的增速 $\hat{y}_{ijt}$ 等于名义劳动生产率的增长速度 $\hat{v}_{ijt}$ 与该地区此行业的物价变化率 π_{ijt} 之差。根据新古典经济增长模型的假设，实际劳动生产率应满足 β 收敛规律。这意味着 y_{ijt} 的增速应当取决于 y_{ijt} 的初始水平与该行业的技术前沿之间的差距。如果适当地放松新古典模型的假设，那么 y_{ijt} 的增长速度可能不只取决于其初始水平相对技术前沿的距离，还同时与包括地理特征、投资环境和对外开放情况等在内的一系列地区性质有关。这时，实际劳动生产率将在地区间服从"条件 β 收敛规律"。但无论是在何种收敛意义下，都可以不失一般性地将地区 j 行业 i 的实际劳动生产率增速写成以下公式：

$$\hat{y}_{ijt} = \hat{v}_{ijt} - \pi_{ijt} = \beta(\ln y_{it}^* - \ln y_{ijt}) + D_j, \quad (5.1)$$

其中，y_{it}^* 是行业 i 的技术前沿水平，也等于该行业长期中劳动生产率的稳态值；D_j 是捕捉地区特征的地区固定效应，反映了上文所述的地理特征、投资环境和对外开放情况等因素对该行业劳动生产率变化的可能影响。在（5.1）式中，当不包含地区固定效应 D_j 进行估计并且获得的系数 β 显著为正时，说明该行业的劳动生产率在地区间服从"绝对 β 收敛"规律，也就是说，无论两个地区在地理、投资、开放等环境方面存在何种差异，初始劳动生产率较低的地区将会出现较快的劳动生产率增长。而当仅在控制 D_j 后对（5.1）式进行回归才能获得显著为正的 β 系数时，说明该行业的劳动生产率服从"条件 β 收敛"规律，也就是说只有在剔除两个地区因为地理、投资、开放等环境不同导致的行业劳动生产率差异后，其行业劳动生产率才呈现出收敛特征。显然，与条件 β 收敛相比，绝对 β 收敛的概念更强。换言之，绝对 β 收敛成立就意味着条件 β 收敛成立。

对（5.1）式进行移项处理，再将初始价格规则化为1，就可以将地区 j 行业 i 的名义劳动生产率增速写成以下形式：

$$\widehat{v}_{ijt} = -\beta \ln v_{ijt} + (\beta \ln y_{it}^* + \pi_{ijt}) + D_j. \tag{5.2}$$

但由于地区-行业层面的价格指数和物价变化 π_{ijt} 通常难以获得，直接估计（5.2）式是困难的。Rodrik（2012）为此提出了解决方案。①他指出，如果一个行业的物价水平增幅在不同地区间具有相同的均值，对不同地区而言，该行业在此地的实际物价水平变化只不过是相对于该均值的波动，那么在（5.2）式的基础上，可以将名义劳动生产率增速改写成：

$$\widehat{v}_{ijt} = -\beta \ln v_{ijt} + D_{it} + D_j + \varepsilon_{ijt}, \tag{5.3}$$

其中，$D_{it} = \beta \ln y_{it}^* + \pi_{it}$ 是一个行业-时间维度上的固定效应项，反映了行业-时间维度上的技术前沿和物价水平增幅均值两者对名义劳动生产率增长影响的合力，残差项 ε_{ijt} 反映了在地区 j 中行业 i 物价水平变化偏离均值的幅度以及由此对名义劳动生产率增长的影响。与本节使用的工

---

① Rodrik, D. Unconditional convergence in manufacturing [J]. *Quarterly Journal of Economics*, 2012, 128 (1): 165-204.

业企业数据库保持一致，对上式的回归将限定在 1998—2007 年这个时期。具体而言，将 2007 年的名义劳动生产率在 1998 年初始水平上的增速作为（5.3）式中的被解释变量，将 1998 年的名义劳动生产率作为初始劳动生产率水平并成为主要解释变量。由于估算时仅选择整个样本期的首尾两年计算劳动生产率增速，（5.3）式实际上是在横截面模型的意义上进行估计的，因此可以将（5.3）式中的时间下标 t 略去，重新写成：

$$\widehat{v}_{ij} = -\beta \ln v_{ij} + D_i + D_j + \varepsilon_{ij}. \tag{5.4}$$

在估计（5.4）式时，可以对地区虚拟变量 D_j 进行三种不同的设定，以获得对三种不同的 β 收敛性质的检验。第一种设定形式是假设所有地区的虚拟变量均为 0，这时的估计系数反映了地区间劳动生产率的"绝对 β 收敛"性质。第二种设定形式是假设所有省级地区的地区虚拟变量都不相同，在控制 D_j 后再估计（5.4）式，这时的估计系数反映了地区间劳动生产率的"条件 β 收敛"性质。第三种设定形式是假设在一定的大区内省级地区间地区虚拟变量取值相同，但在不同大区间的省级地区虚拟变量不同。具体来说，就是将所有地区归为东、中、西部，将地区虚拟变量 D_j 替换成东、中、西区域虚拟变量，这时的估计系数反映了地区间劳动生产率的"俱乐部 β 收敛"性质。俱乐部 β 收敛意味着在同一大区（"俱乐部"）内，劳动生产率在地区间表现出绝对 β 收敛性质；但在不同大区间，劳动生产率的增长受到大区特征的影响。显然，俱乐部收敛的强度在绝对收敛和条件收敛之间。

表 5.1 列出了基于（5.4）式的回归结果，由此可以检验当同时考虑全部两位数工业子行业时的劳动生产率 β 收敛表现。如表所示，无论 β 收敛被定义为绝对收敛、条件收敛还是俱乐部收敛，地区间的劳动生产率都显著收敛。也就是说，至少在考虑所有两位数工业子行业时，β 收敛在整体意义成立，这与上述关于我国地区间总体的人均或劳均

GDP 不收敛的发现迥然不同。回归结果还表明，工业子行业的劳动生产率在地区间收敛得很快，其收敛速度往往超过其他实证研究中发现的整体劳动生产率收敛速度。例如，根据表 5.1 的估计结果，我国省际两位数工业子行业的绝对 β 收敛系数为 -0.0898，而 Barro 和 Sala-i-Martin（1992）以美国地区间的整体人均 GDP 作为研究对象得到的 β 收敛系数为 -0.02。[①] β 收敛系数的上述差异表明，我国地区间工业子行业的收敛速度快于美国地区间整体劳动生产率的收敛速度。按照表 5.1 估计的绝对 β 收敛系数折算，如果两个省的某行业初始劳动生产率相差一倍，则在劳动生产率较低的地区，劳动生产率增速将比劳动生产率较高的地区高出 6.2% 左右。

表 5.1　全部两位数行业劳动生产率的 β 收敛性质检验

	绝对收敛 （1）	俱乐部收敛 （2）	条件收敛 （3）
1998 年劳均增加值	-0.0898***	-0.0934***	-0.0849***
	(-11.32)	(-12.24)	(-13.57)
常数项	0.488***	0.505***	0.437***
	(18.24)	(18.81)	(18.76)
行业虚拟变量	是	是	是
东中西部虚拟变量	否	是	否
省份虚拟变量	否	否	是
观测值数量	1 026	1 026	1 026
R^2	0.595	0.603	0.674

注：因变量为 1998—2007 年各工业子行业的劳均增加值增长率。括号内为 t 统计量数值。*、**、*** 分别表示在 10%、5%、1% 水平上显著。

[①] Barro, R. J., Sala-i-Martin, X. Convergence [J]. *Journal of Political Economy*, 1992, 100 (2): 223-251.

为了考察以上结果在不同行业细分度下的稳健性，表 5.2 依次在三位数和四位数子行业以及工业整体层面上重新估计了（5.4）式。结果表明，行业细分程度的选择不会改变劳动生产率存在 β 收敛的结论。特别地，即使将整个工业部门作为整体，地区间的劳动生产率依然是收敛的。当然，在考虑工业部门整体劳动生产率时，因为每个地区正好对应一个观测值，是无法再加入地区固定效应以检验条件 β 收敛的。但绝对收敛和俱乐部收敛的存在意味着即便考虑条件收敛，β 收敛的结果也仍将成立。因此，表 5.2 表明，β 收敛对工业部门整体而言是普遍存在的性质，与行业细分度的选择无关。

表 5.2 不同细分度下行业劳动生产率 β 收敛性质的稳健性检验

	四位数行业			三位数行业			工业整体	
	绝对收敛	俱乐部收敛	条件收敛	绝对收敛	俱乐部收敛	条件收敛	绝对收敛	俱乐部收敛
	（1）	（2）	（3）	（4）	（5）	（6）	（7）	（8）
1998 年劳均增加值	−0.103***	−0.106***	−0.107***	−0.0983***	−0.103***	−0.102***	−0.130***	−0.142***
	(−35.92)	(−45.58)	(−61.74)	(−25.82)	(−31.34)	(−46.08)	(−18.47)	(−15.63)
常数项	0.510***	0.525***	0.500***	0.497***	0.522***	0.490***	0.642***	0.694***
	(48.16)	(47.89)	(78.21)	(35.58)	(38.86)	(59.09)	(23.43)	(16.96)
行业虚拟变量	是	是	是	是	是	是	否	否
东中西虚拟变量	否	是	否	否	是	否	否	是
省份虚拟变量	否	否	是	否	否	是	否	否
观测值数量	4 642	4 642	4 642	3 393	3 393	3 393	29	29
R^2	0.670	0.674	0.719	0.648	0.660	0.716	0.810	0.828

注：因变量为 1998—2007 年各工业子行业的劳均增加值增长率。括号内为 t 统计量数值。*、**、*** 分别表示在 10%、5%、1% 水平上显著。

诚然，在不同工业子行业之间，劳动生产率的 β 收敛情况可能存在差异。为此，我们对每个子行业的 β 收敛系数做了分别估计，在此基础上呈现了 β 收敛系数在不同子行业间的分布图，如图 5.5 所示。由于对单个子行业而言每个省份只有一个观测值，图 5.5 中呈现的是绝对 β 收敛系数。又由于在同一个地区中不存在行业层面的变异性，因此回归时也不能控制行业固定效应。为了平衡以下两方面的考虑，即一方面希望利用较多的工业子行业进行估计以获取较为平滑的 β 收敛系数分布图，另一方面又希望每个子行业在绝大多数的地区中同时存在，图 5.5 在三位数工业子行业层面上对 β 收敛系数做了分别估计，进而绘制了核密度分布图。结果显示，对绝大多数的三位数工业子行业而言，所估计的 β 收敛系数均显著为负，表明这些行业的劳动生产率服从 β 收敛规律。在大部分情况下，β 收敛系数位于（-0.15，-0.05）范围内，其中在-0.1 周围分布得最为集中，因此普遍而言 β 收敛速度较快。图 5.5 说明，β 收敛不仅对工业部门整体而言成立，而且在单个工业子行业中也普遍存在。

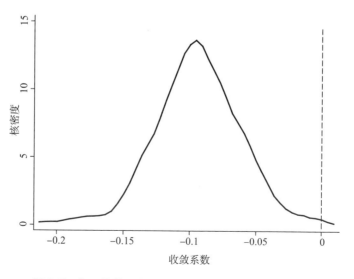

图 5.5　各三位数工业子行业 β 收敛系数的核密度分布

对表 5.1 结果的另一个担忧是,其考察了 1998—2007 年间总体的生产率增速,但没有对期间不同子时期的生产率增长加以区别研究。换言之,整个时期内的劳动生产率收敛并不意味着劳动生产率在期间的子时期内同样收敛。为此,在表 5.3 中,仍以 1998 年作为初始年份,但依次将考察期限的末年设置在 2003 年、2004 年和 2005 年,重新估算每个子时期内劳动生产率的收敛情况,作为对基准情形的稳健性检验。结果显示,在任意子时期内,工业部门的劳动生产率都是显著收敛的。进一步对不同子时期内的回归结果进行横向比较可以发现,随着末年从 2003 年起逐渐向后推移,β 收敛系数不断变大。例如,当以 1998—2003 年作为考察窗口时,劳动生产率的绝对 β 收敛系数为 -0.129,而在以 1998—2007 年作为考察窗口时,劳动生产率的绝对 β 收敛系数为 -0.101。因此,2003 年以后工业部门的劳动生产率收敛速度有所放慢。

最后,还可以考虑生产率指标的选择是否会影响 β 收敛结论。新古典增长模型预测了在资本边际报酬递减规律的作用下地区间劳动生产率的收敛规律。在实证文献中,除使用劳动生产率外,还常常使用全要素生产率来衡量地区的生产率水平。关于全要素生产率的测量,有关文献指出传统的 OLS 估算方法存在严重的内生性问题,即由于企业的要素投入和产出可能是企业基于对自身生产率观测的最优决策,因此会使得对生产函数的估计产生系统性偏误。因此,Olley 和 Pakes(1996)提出了半参数估计方法(简称 OP)[①] 以解决传统 OLS 估计中的内生性问题。具体来说,他们将企业的投资决策作为其生产率水平的代理变量,对系数的估计进行了修正。Levinsohn 和 Petrin(2003)进一步改进了 OP 方法,

---

① Olley, G. S., Pakes, A. The dynamics of productivity in the telecommunication equipment industry [J]. *Econometrica*, 1996, 64 (6): 1263-1297.

表 5.3 不同期限内劳动生产率 β 收敛性质的稳健性检验

	5 年期			6 年期			7 年期		
	绝对收敛 (1)	俱乐部收敛 (2)	条件收敛 (3)	绝对收敛 (4)	俱乐部收敛 (5)	条件收敛 (6)	绝对收敛 (7)	俱乐部收敛 (8)	条件收敛 (9)
1998 年劳均增加值	-0.129***	-0.147***	-0.143***	-0.113***	-0.122***	-0.119***	-0.101***	-0.109***	-0.104***
	(-8.153)	(-10.04)	(-12.33)	(-8.318)	(-8.822)	(-10.39)	(-9.226)	(-10.49)	(-13.96)
常数项	0.575***	0.676***	0.682***	0.533***	0.584***	0.582***	0.509***	0.552***	0.518***
	(10.94)	(13.66)	(15.73)	(11.45)	(11.10)	(13.61)	(13.82)	(15.60)	(18.47)
行业虚拟变量	是	是	是	是	是	是	是	是	是
东中西虚拟变量	否	是	否	否	是	否	否	是	否
省份虚拟变量	否	否	是	否	否	是	否	否	是
观测值数量	1 024	1 024	1 024	1 029	1 029	1 029	1 026	1 026	1 026
R^2	0.533	0.570	0.621	0.567	0.580	0.654	0.554	0.571	0.631

注：因变量为不同期间内各工业子行业的劳均增加值增长率。括号内为 t 统计量数值。*、**、***分别表示在 10%、5%、1%水平上显著。

提出了解决内生性问题的另一种途径（LP）①，其不同于 OP 方法的主要之处在于将企业的中间投入品作为企业生产率的代理变量，而不是采用数据较为不全的投资变量。出于对稳健性的考虑，本节分别采用 OP 与 LP 方法估计企业生产率，再在地区-行业层面上按权重加总。表 5.4 汇报了当以这两种全要素生产率刻画地区经济发展水平时，(5.4) 式的回归结果。② 结果显示，不论采用何种 TFP 指标，仍发现工业部门的生产率在地区间呈现显著收敛的性质，并且与使用劳动生产率时相比，回归系数也比较接近。这说明生产率衡量指标和估计方法的选择并不会影响工业部门生产率收敛的结论。

表 5.4　不同生产率指标下的 β 收敛性质稳健性检验

	TFP（OP）		TFP（LP）	
	绝对收敛 （1）	条件收敛 （2）	绝对收敛 （3）	条件收敛 （4）
1998 年 TFP	-0.0912***	-0.0990***	-0.0884***	-0.0860***
	(-14.91)	(-12.72)	(-14.93)	(-10.72)
常数项	0.461***	0.428***	0.644***	0.601***
	(22.17)	(17.89)	(19.62)	(13.27)
行业虚拟变量	是	是	是	是
省份虚拟变量	否	是	否	是
观测值数量	860	860	860	860
R^2	0.706	0.755	0.709	0.755

注：因变量为不同 TFP 指标 1998—2007 年平均增长率。括号内为 t 统计量数值。*、**、*** 分别表示在 10%、5%、1% 水平上显著。

---

① Levinsohn, J., Petrin, A. Estimating production functions using inputs to control for unobservables [J]. *Review of Economic Studies*, 2003, 70 (2): 317-341.

② 由于在估计过程中所用到的产出和投入价格平减指数仅对制造业有数据，因此本表将样本仅限于制造业企业，这使得样本数略有减少。

第三节　产业结构与区域收敛表现

一、产业结构对区域收敛性质的重要性

上一节的实证研究结果为工业部门的生产率在我国省级地区间存在 β 收敛特征提供了有力而稳健的依据。耐人寻味的是，工业部门生产率的收敛并没有带来整体经济的增长收敛。由于地区整体生产率是各部门生产率的加权总和，从理论上分析，工业部门生产率收敛不能带动整体生产率收敛无外乎出于两个原因。其一是在除了工业部门外的其他部门中，生产率明显发散，抵消了工业部门生产率收敛对整体生产率收敛的拉动作用。其二是尽管工业生产率是收敛的，但其在地区整体生产率中的权重正好与工业生产率增速相反，因此在加权意义上，工业落后的地区并没有因为工业生产率较快的增长而对整体生产率产生更大的推力。本节将对这两种可能的原因依次进行考察。

图 5.6 的散点分布图展示了农业和服务业两个部门中各地区 1998 年的初始劳动生产率与 1998—2007 年的劳动生产率增速之间的关系。[①] 我们可以通过该图从大致上判断这两个部门内的劳动生产率 β 收敛表现。就上图的农业部门而言，初始生产率与生产率增长之间几乎没有明显关系，而在下图的服务业部门中，初始生产率与生产率增长之间虽然仍有一定的负向关系，但斜率很小。因此，与工业部门相比，农业和服务业部门的经济增长均未在地区间体现出明显的收敛性。

---

① 农业与服务业增加值及从业人数数据来自《新中国 50 年统计资料汇编》。目前的宏观统计数据中并没有提供农业与服务业细分行业的从业人数数据，因此本节只能计算这两个部门整体的劳动生产率。

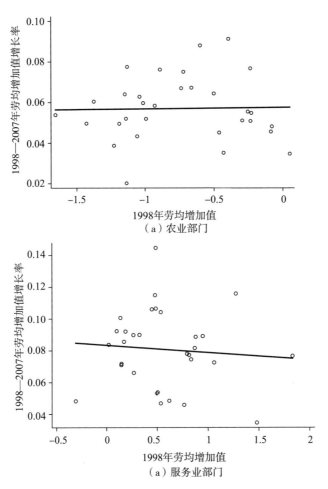

图 5.6 农业和服务业部门劳动生产率在地区间的收敛表现

为正式检验农业和服务业部门的省际劳动生产率 β 收敛表现，可以利用（5.4）式对这两个部门的省际劳动生产率 β 收敛系数进行估计，结果如表 5.5 所示。第（1）—（4）列分别报告了对农业和服务业部门中的绝对 β 收敛系数和俱乐部 β 收敛系数的估计结果。从表中可以看出，不管采取何种收敛概念，农业和服务业部门劳动生产率的 β 收敛系数都未显著为负，说明这两个部门的劳动生产率并未在地区间出现显著的收敛。该结果与表 5.1 中工业部门劳动生产率显著收敛的结论截然不同。

表 5.5　非工业部门劳动生产率 β 收敛性质检验

	农业		服务业		非工业	
	绝对收敛	俱乐部收敛	绝对收敛	俱乐部收敛	绝对收敛	俱乐部收敛
	(1)	(2)	(3)	(4)	(5)	(6)
1998年劳均增加值	0.000648	−0.00877	−0.00457	−0.00702	−0.00249	−0.00930*
	(0.112)	(−1.176)	(−0.455)	(−0.599)	(−0.545)	(−1.763)
常数项	0.0575***	0.0577***	0.0834***	0.0872***	0.108***	0.114***
	(10.26)	(9.039)	(12.01)	(7.849)	(35.16)	(16.41)
东中西部虚拟变量	否	是	否	是	否	是
观测值数量	31	31	31	31	31	31
R^2	0.000	0.077	0.007	0.363	0.009	0.107

注：因变量为1998—2007年非工业部门劳均增加值增长率。括号内为 t 统计量数值。*、**、***分别表示在10%、5%、1%水平上显著。

农业与服务业部门中不存在地区间的生产率收敛，事实上并不必然意味着整个非工业部门的劳动生产率也没有 β 收敛规律。这是因为根据我国的行业分类标准，除农业和服务业外，非工业部门还包括建筑业。但由于在目前公布的统计数据中缺乏建筑业或者整个非工业部门的从业人数信息，要直接计算建筑业与非工业部门的劳动生产率还存在一定困难。不过，可以通过地区劳均 GDP、工业部门的劳动生产率和工业从业人数等变量，对非工业部门的整体劳动生产率数据进行估算。具体而言，假设 y 是地区整体的劳均 GDP，分别以 y_I 和 y_N 表示该地区的工业和非工业劳动生产率，那么如果略去地区和时间下角标，则这三个变量间应满足以下关系：

$$y = \alpha_I y_I + (1-\alpha_I) y_N, \quad (5.5)$$

其中，α_I 是工业部门从业人数在地区总体从业人数中的占比，衡量了工业生产率在地区整体劳均 GDP 中的权重。因此，非工业部门的劳动生产率就是：

$$y_N = \frac{y - \alpha_I y_I}{1 - \alpha_I}$$ （5.6）

为计算工业部门就业比重 α_I，可以利用工业数据库加总算出各地区在该数据库中所涉及企业的就业人数，作为对该地区工业部门总就业人数的近似指标。同理，也可以算出该地区工业总产出的近似指标，然后结合工业人数计算 y_I。因此，可以利用（5.6）式估算各地区的整体非工业劳动生产率。

表5.5中的第（5）—（6）列展示了对非工业部门整体劳动生产率在地区间的 β 收敛系数的估计结果。由于绝对 β 收敛系数为-0.00249，其数值不仅非常小而且也不显著，因此可知该生产率并不收敛。即使在俱乐部收敛的意义上，β 收敛系数也仅有-0.00930，并且只在10%的水平上显著，与工业部门-0.142 的 β 收敛系数相比差距甚远。因此，即使考虑非工业部门整体，其生产率在地区间也未出现 β 收敛规律。

不过，根据图5.6和表5.5，无论是对农业部门和服务业部门进行单独考察还是将非工业部门作为整体，其劳动生产率虽然不收敛，但也没有明显的发散趋势。因此，这至多只会造成工业劳动生产率收敛拉动地区整体劳动生产率收敛的力量被削弱，却不至于造成整体劳动生产率的收敛性完全丧失。通过以下分析，本节将说明地区整体劳动生产率不收敛的根源在于地区间存在持续而显著的产业结构差异，这致使工业落后地区较快的工业生产率增速被较低的工业份额抵消，从而未能做出拉动整体生产率增长的贡献。为说明这点，参照 Rodrik（2012）的方法①，我们将地区整体劳动生产率，即地区劳均 GDP 的增速进行如下分解：

---

① Rodrik, D. Unconditional convergence in manufacturing [J]. *Quarterly Journal of Economics*, 2012, 128 (1)：165-204.

$$\hat{y} = \alpha_I \theta_I \hat{y}_I + (1-\alpha_I) \theta_N \hat{y}_N + (\theta_I - \theta_N) \, d\alpha_I, \qquad (5.7)$$

其中，$\theta_I = y_I/y$ 和 $\theta_N = y_N/y$ 分别定义为工业与非工业部门的劳动生产率相对于地区整体生产率的比例。根据该分解公式，地区劳均 GDP 的增长可以被分解为三项。其中，前两项分别是工业与非工业部门劳动生产率变化对地区整体生产率增长的贡献。该贡献的大小不仅取决于两个部门劳动生产率的增速，还取决于各部门的就业在经济中的占比。后者就体现了产业结构在单个部门生产率收敛拉动整体经济收敛中的作用。最后一项可以被视为行业间就业的重新分配对推动地区劳动生产率增长的贡献。根据工业企业数据库可以算出 $\theta_I > \theta_N$，因此当工业就业份额提高时，地区整体的劳动生产率增长也将加快。

（5.7）式为地区整体经济增长不收敛的三方面原因提供了理论解释。首先，地区整体经济增长不收敛可能是由于工业劳动生产率增长对整体生产率增长的贡献，即（5.7）式中的第一项，在地区间不收敛。其次，地区整体经济增长不收敛也可能是因为非工业部门的劳动生产率增长对整体生产率增长的贡献，即（5.7）式中的第二项，在地区间不收敛。最后，地区整体经济增长不收敛还可能是因为劳均 GDP 较低的地区中工业化进程较慢，即 $d\alpha_I$ 较小，导致（5.7）式中的第三项在地区间不收敛。

基于（5.7）式的各地区劳均 GDP 增长率分解结果如表 5.6 所示。按照 1998 年各地区初始的劳均 GDP 分布情况，可以依次选择 25%、50% 和 75% 分位数将所有地区分成 4 组，其中组别编号较小表示初始的劳均 GDP 水平较低。因此，如果在某个分解项目上出现随组别编号提高而数值减小的规律，就说明在该项目上可能存在收敛规律。表 5.6 的第（1）列中汇报了各组对应的平均劳均 GDP，说明编号越大的组包括了初始劳均 GDP 较高的地区。无论对于哪组地区，工业和非工业部门生产率增长整体而言对地区劳均 GDP 增长的贡献均较大，而两个部门间劳动力重新分配对地区劳均 GDP 增长的贡献较小。通过考察工业与非工业劳动生产率增长的贡献在不同组别之间的区别可以发现，这两个贡献均未呈现出随初始收入水平提高而减小的趋势，也就是说都没有表现出明显的收敛规律。类似地考察劳动力再分配这个组分在不同组别之间的区别也可以发现，该贡献也未显示出明显的收敛规律。

表 5.6　地区劳均 GDP 增长率的分解

组别	整体经济分解				工业部门分解		
	$\ln y$ (1)	$\alpha_I \hat{\theta_I y_I}$ (2)	$(1-\alpha_I)\hat{\theta_N y_N}$ (3)	$(\theta_I-\theta_N)\mathrm{d}\alpha_I$ (4)	α_I (5)	θ_I (6)	$\hat{y_I}$ (7)
1	-0.3116	0.0391	0.0702	-0.0025	0.0546	4.0242	0.1980
2	-0.0309	0.0417	0.0707	-0.0020	0.0859	2.3966	0.2068
3	0.3998	0.0397	0.0712	0.0011	0.1020	2.1764	0.1904
4	1.0848	0.0444	0.0565	0.0031	0.2184	1.3769	0.1617

上文的实证结果已经说明非工业部门的劳动生产率在我国省际不收敛，因此在表 5.6 中发现非工业部门对地区整体劳动生产率增长的贡献不收敛这点可能并不使人感到奇怪。需要进一步研究的是，在工业部门劳动生产率显著收敛的前提下，为什么工业部门劳动生产率对地区整体生产率增长的贡献却不收敛。为回答该问题，表 5.6 在第（5）—（7）列中对工业生产率在地区整体生产率增长中的贡献做了进一步分解，依次考察地区工业就业份额 α_I、工业相对地区整体生产率的溢价 θ_I 和工业生产率增速 $\hat{y_I}$ 三项在地区间的收敛规律。

结果表明，工业部门的劳动生产率确实服从收敛规律。这又体现在两方面。首先，如第（6）列结果所示，劳均 GDP 较低的地区组别具有较高的工业相对劳动生产率，即工业生产率相对于整体经济发展水平的溢价更高。其次，如第（7）列结果所示，工业劳动生产率的增速在劳均 GDP 较低的地区组别中也相对较高，与前文关于工业生产率收敛的结果一致。真正使工业生产率对地区整体生产率增长贡献不收敛的因素是工业就业占比在组别间的分布。从第（5）列来看，劳均 GDP 较高的地区组别中，工业就业的占比更高。这意味着虽然在初始工业生产率较低的省份中工业生产率增长得更快，相对于地区整体生产率而言溢价也较高，但由于这些地区中的工业比重太小，工业生产率的增长对地区劳均 GDP 的拉力不足，难以带动整体劳动生产率向先进地区追赶。因此，产业结构在部门劳动生产率和地区整体生产率收敛性质的对应关系中具有重要意义。

二、通过调整产业结构实现区域收敛的反事实分析

表 5.6 说明，地区间整体劳均 GDP 缺乏收敛性质的主要原因在于地区产业结构，具体而言即落后地区比发达地区的工业就业占比明显更小。本节将利用反事实分析进一步论证，如果地区间的产业结构趋于平衡，则整体劳均 GDP 在地区间的收敛表现将迥然不同。为此可以考虑以下两种反事实分析。其中，反事实 A 假设所有地区的工业就业份额在保持均值不变的同时，其在地区间分布的标准差缩小 50%。反事实 B 则假设所有地区的工业就业份额差异消失，全部等于工业化水平最高省份的工业就业份额。

在这两种反事实情形下，分别基于（5.7）式，可以预测出各组别中地区劳均 GDP 增速的均值。表 5.7 报告了每种情形下的平均工业就业份额设定水平和地区劳均 GDP 增速的预测结果，并与实际数据进行了对比。与表 5.6 一致，所有地区仍按初始劳均 GDP 分布中的 25%、50% 和 75% 分位数分成四组。表 5.7 的第（1）—（2）列报告了真实数据中的地区工业份额与劳均 GDP 增速。如前文所述，真实数据中的劳均 GDP 并不收敛。在第（3）—（4）列中，基于反事实 A 情形的预测结果显示，当省际工业就业份额的差距减少 50% 后，劳均 GDP 的收

敛趋势开始出现。初始劳均 GDP 越低的地区获得了更快的劳均 GDP 增速。特别地，与最发达的地区相比，最落后地区的劳均 GDP 增速将快 3.1%。基于反事实 B 情形的预测结果如第（5）—（6）列所示。当所有地区的工业化程度都达到工业就业占比最高地区的水平（35.5%）时，地区整体的劳均 GDP 将明显收敛，且与第（4）列中的预测结果相比，收敛速度显著加快。具体来说，与最发达的地区相比，最落后地区的劳均 GDP 增速将快 18.4%。因此，基于以上两种反事实情形的预测分析说明，当我国省际的工业化差距减小，从而地区间的产业结构更为相似时，整体生产率的收敛现象就将出现。

表 5.7 地区工业就业份额与劳均 GDP 收敛性的反事实分析

组别	真实数据		反事实分析 A		反事实分析 B	
	α_I	$\hat{y}$	α_I	$\hat{y}$	α_I	$\hat{y}$
	（1）	（2）	（3）	（4）	（5）	（6）
1	0.0546	0.1068	0.0829	0.1267	0.3554	0.3059
2	0.0859	0.1104	0.0986	0.1163	0.3554	0.2213
3	0.1020	0.1120	0.1066	0.1137	0.3554	0.1950
4	0.2184	0.1040	0.1649	0.0959	0.3554	0.1213

注：反事实分析中的劳均 GDP 预测值基于（5.7）式计算。反事实 A 将工业就业份额在省际的标准差缩小 50%。反事实 B 假设所有省级地区的工业份额都等于全国工业化水平最高的省级地区的工业就业份额。组别越高表示劳均 GDP 越高。

第四节 地区间产业结构差异讨论

一、省际初始工业就业份额差异的原因

通过对地区劳均 GDP 的增速进行分解和两种情形下的反事实分析，实证结果表明地区间的产业结构差异是造成地区整体生产率不符合收敛规律的主要原因。产业结构差异造成的影响一方面体现在初始落后地区的工业就业份额比相对发达地区小，致使落后地区较快的工业劳动生产率增速不能对拉动地区整体劳动生产率增长做出足够的贡献，从而使地区整体的经济增长未能呈现收敛特征，这反映在（5.7）式的第一项中。另一方面，我国地区间的产业结构差异导致整体生产率不收敛也体现在各地区工业就业份额变化的区别上。事实上，从产业结构变动来看，相对落后地区的工业就业占比增幅也未明显高于相对发达地区，因此产业结构也未收敛，这体现为（5.7）式中的第三项。

图 5.7 直观展现了我国省际的产业结构差异。横轴是 1998 年时我国各省级地区的劳均 GDP 水平，纵轴是工业就业份额。散点分布图显示两者高度正相关，说明初始工业化程度的差异与地区经济发展水平有关。根据非平衡增长理论[1]，经济发展过程中农业部门的就业份额将持续下降，服务业部门的就业份额将不断上升，工业部门的就业份额将呈倒"U"形变化。追踪工业就业份额的演变趋势可以发现，在我国绝大多数地区中，该份额几乎始终上升，说明大多数地区仍在库兹涅茨事实所描述的工业化倒"U"形曲线的前端。这可以在一定程度上解释初始工业化水平与地区的经济发展阶段正相关这一事实。

工业就业份额在结构转型前期逐渐提高，可能导致新古典模型所预测的收敛机制自然失效。根据新古典单部门增长模型，劳均 GDP 在地区间收敛主要是因为资本积累降低了其边际产出，因此在发展阶段越高的地区中，劳动生产率越低。但如果考虑多部门增长框架，则尽管工业部门内部可能仍存在劳动生产率的收敛性质，但由于产业结构将在非平衡增长路径上不断变化，对工业生产率收敛能否带动地区整体劳均

---

[1] Kuznets, S. Quantitative aspects of the economic growth of nations: II. industrial distribution of national product and labor force [J]. *Economic Development and Cultural Change*, 1957, 5 (S4): 1-111. Chenery, H. B. Patterns of industrial growth [J]. *American Economic Review*, 1960, 50 (4): 624-654.

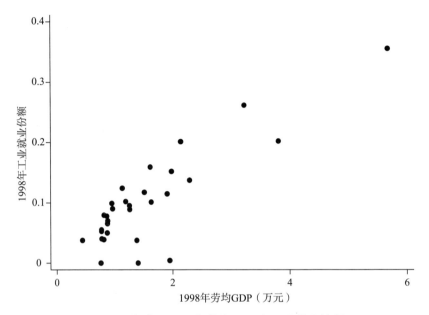

图 5.7　各地区 1998 年劳均 GDP 与工业就业份额

GDP 收敛的分析将变得更加复杂。具体而言，当处在工业就业份额不断提高的结构转型前半段时期时，尽管发达地区面临较低的工业劳动生产率增速，却拥有较高的工业就业份额水平。根据（5.7）式中地区劳均 GDP 的分解情况，发达地区工业生产率增长对其整体劳均 GDP 的拉动作用未必比落后地区小。换言之，工业生产率收敛未必能带来整体生产率收敛。在理论上这意味着，多部门非平衡增长模型指出的结构转型效应可能抵消新古典模型中单一部门的劳动生产率收敛效应，因而地区劳均 GDP 的收敛表现取决于这两个效应的净结果。综上所述，在多部门框架中，将产业结构纳入经济收敛性质的分析是十分关键的。

当然，初始工业就业份额在省际的差别不仅与经济发展阶段有关，也与各地区的地域特征密切相关。这主要包括地理条件和政策环境两方面。在地理条件方面，如图 5.7 所示，沿海地区的初始工业就业份额普遍较高。这可能是因为我国自 20 世纪末以来的快速工业化进程主要由外贸拉动，因此沿海地区相对完善的基础设施和相对较高的开放程度造就了其较高的工业化水平。现有文献指出，地理条件是我国工业部门空间分布的重要决定因素，而中央政府自 20 世纪 80 年代以来的有关倾斜政策进一步强化了上述空间格局①，这与图 5.7 中沿海地区具有较高的工业化水平是吻合的。在政策环境方面，初始工业就业份额较高地区中地方政府的干预程度也往往较低。相对宽松的政策环境意味着较低的交易成本，这有助于加强民营经济对工业发展的推动作用②，也有利于当地企业参与国际贸易和吸引外资。自 20 世纪 90 年代以来，随着我国贸易开放程度的提高，工业活动进一步向贸易边境地区转移③，这巩固了沿海地区和政策环境相对宽松的地区在工业化程度上的领先地位。

二、省际工业就业份额不收敛的原因

工业部门的劳动生产率相比于非工业部门而言普遍较高。根据 (5.7) 式中的第三项，这意味着以工业化为特征的结构转型，即生产要素从非工业部门向工业部门进行重新分配，可以提升地区生产率。如果这种结构转型过程在相对落后地区中发生得较快，就可以促进地区间的劳均 GDP 收敛。但事实上，这样的情况并未发生。如图 5.8 所示，1998—2007 年间工业就业份额增长较快的地区并不是 1998 年初始劳均 GDP 水平最低的地区。仅从初始劳均 GDP 和工业就业份额累积变化的散点分布图来看，两者之间并不存在明显的关联。

---

① Kim, T. J., Knaap, G. The spatial dispersion of economic activities and development trends in China: 1952—1985 [J]. *Annals of Regional Science*, 2001, 35 (1): 39-57. Fujita, M., Hu, D. Regional disparity in China 1985—1994: The effects of globalization and economic liberalization [J]. *Annals of Regional Science*, 2001, 35 (1): 3-37.

② 金煜，陈钊，陆铭. 中国的地区工业集聚：经济地理，新经济地理与经济政策 [J]. 经济研究，2006，41 (4)：79-89.

③ Rodríguez-Pose, A., Sánchez-Reaza, J. Economic polarization through trade: Trade liberalization and regional growth in Mexico [J]. // Kanbur, R., Venables, A. J. (eds.) *Spatial Inequality and Development* [M]. Oxford University Press, 2005: 237-259.

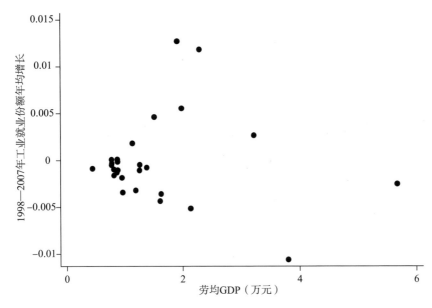

图 5.8　各地区的初始劳均 GDP 与样本期内工业就业份额的累积变化

为此，本节旨在针对这一现象回答两个问题。第一，在目前的理论体系中，是否应当存在地区间工业就业份额收敛的规律？第二，如果存在这一规律，为何在上述时期内没有观察到我国地区间的工业就业份额收敛现象？针对第一个问题，在非平衡增长框架下，各地区的产业结构都将遵循库兹涅茨事实描述的规律变化。具体来说，服务业部门的就业份额将趋于1，农业和工业部门的就业份额都将趋于0。[1] 但在同一时间节点上，各地区由于处于不同的非平衡增长阶段，其产业结构可能存在差异。例如，有关文献利用历史数据进行实证研究发现，15个欧盟国家[2]经历了相似的就业结构演变轨迹，但在相同的发展水平上，它们的产业结构却明显不同。这种差异与贸易带来的分工格局有关。传统非平

---

[1]　Herrendorf, B., Rogerson, R., Valentinyi, A. Growth and structural transformation [M]// Aghion, P., Durlauf, S. *Handbook of Economic Growth*, 2B [M]. New York: Elsevier, 2014: 855-941.

[2]　具体包括奥地利、比利时、丹麦、芬兰、法国、德国、希腊、爱尔兰、意大利、卢森堡、荷兰、葡萄牙、西班牙、瑞典和英国。

衡增长模型由于关注封闭经济环境,往往忽视了这种分工格局对地区间产业结构差异造成的持续影响。近年来,通过对传统模型在两国开放环境中进行拓展[①],理论研究表明贸易可能导致结构转型过程中的产业结构不收敛,其具体形式取决于模型参数。在实证研究方面,关于地区间产业结构是否收敛也未获得一致的结论。譬如,Bruelhart(1995)研究了18个产业的就业份额变化,发现其中14个以劳动密集型为主的产业在20世纪80年代经历了空间集中度的提高,说明产业结构在地区间发散。[②] 然而,Dalum等(1998)和Laursen(2000)则发现在20世纪60—90年代,OECD国家的出口部门显示性比较优势有所趋同,反映出产业结构可能收敛。[③] 总体而言,无论是理论研究还是实证研究,目前都对产业结构在地区间的收敛性存在争议。

就我国省际的产业结构而言,贸易带来的"国内分工"显然是导致图5.8中工业就业份额不收敛的重要原因。但抛开贸易的直接影响,自20世纪90年代以来,劳动力大规模地在省际流动,也是导致地区间产业结构持续差异的原因之一。根据图5.7,初始经济发展水平较高的地区一般具有较大的工业就业份额和较高的工业劳动生产率。随着对人口流动政策的逐步放开,劳动力就自发地从落后地区的工业部门进入发达地区的工业部门,形成了工业人口在地区间的重新分配。同时,当其他部门的劳动力随着工业化进程的提速转入工业部门时,他们也往往优先选择进入发达地区。因此,尽管发达地区的工业就业份额原本可能按

---

① Yi, K. M., Zhang, J. Structural Change in an Open Economy [Z]. University of Michigan, 2010.

② Bruelhart, M. Industrial specialization in the European Union: A test of the new trade theory [Z]. Trinity College, 1995.

③ Dalum, B., Laursen, K., Villumsen, G. Structural change in OECD export specialisation patterns: De-specialisation and "stickiness" [J]. *International Review of Applied Economics*, 1998, 12 (3): 423-443. Laursen, K. Do export and technological specialisation patterns co-evolve in terms of convergence or divergence? Evidence from 19 OECD countries, 1971—1991 [J]. *Journal of Evolutionary Economics*, 2000, 10 (4): 415-436.

照库兹涅茨事实的描述由升转降,但由于其他地区和部门的劳动力涌入,这一转折并没有出现,结果导致发达地区较高的工业化水平反而被不断强化。

为了验证劳动力跨地区流动导致的工业就业份额不收敛效应,需要获得地区-行业层面的详细劳动力数据,包括各省市工业部门中来自其他地区的人数,以及如果不允许他们流动,这些劳动力将进入原省市的哪个部门。根据现有的数据资料,这些信息是难以获取与估算的。但通过以下反事实分析,本节可以对这一效应进行粗略评估。

具体来说,利用包含劳动力来源地信息的人口普查数据,可以在反事实分析中首先计算各地区的外来劳动力人数。如果假设当人口流动被禁止时,这些劳动力仍将选择本地的相同产业,则可以重新推算各地区的工业就业份额,考察上述反事实下产业结构在地区间的收敛情况。鉴于数据可得性,本节将使用2000年和2005年两年的人口普查数据。首先,根据普查数据,计算在各地区的工业部门中来自不同省市的劳动力占比。其次,将该比例套用到2000年和2005年的工业企业数据库上,推算出各地区工业部门中分来源地的劳动力人数。再次,计算2005年相对于2000年各地区工业部门中分来源地的人数变化,这就衡量了在此期间工业部门外来劳动力的流动情况。最后,假设上述劳动力的跨地区流动被禁止,各地区工业部门中新增的外来劳动力必须回到流出地的工业部门中就业,就可以算出反事实下各地区的工业就业比重。大量劳动经济学的有关研究表明,劳动力在地区间的流动比部门间的流动容易得多①,因此以上假设具有一定的合理性。

图5.9展示了在以上反事实情形下,对地区间工业就业份额变化的模拟结果,并与实际数据进行了对比。图中纵轴是2000—2005年各地

---

① Bachmann, R., Burda, M. C. Sectoral transformation, turbulence and labor market dynamics in Germany [J]. *German Economic Review*, 2010, 11 (1): 37-59.

区工业就业份额的平均增长率，横轴是各地区 2000 年时的初始劳均 GDP。十字交叉的散点表示反事实分析结果，实心圆点表示真实数据。显然，真实数据显示，这一时期的工业就业份额在地区间并不收敛。这体现为图中向上倾斜的拟合线，即初始经济发展水平较高的地区反而拥有较快的工业化进程。但如图中向下倾斜的虚线所示，在假设不存在跨地区劳动力流动的反事实分析中，发达地区的工业份额增速将明显下降，而落后地区的工业化速度将显著提高，从而地区间工业就业占比将明显收敛。事实上，如果将反事实分析中各地区的工业就业占比增速对其初始劳均 GDP 水平进行回归，将得到在 10% 水平上显著的相关系数 −0.0119。因此，劳动力的跨地区流动是造成工业就业份额不收敛的重要原因。

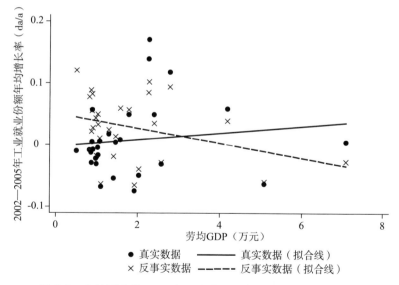

图 5.9　各地区劳均 GDP 与工业就业份额增长率的反事实分析

第六章

产业集群：产业结构对区域收敛的影响渠道

本章从产业集群的视角切入，揭示并论证产业结构影响区域收敛的机制。理论模型说明，由于产业集群提升了集群内部企业的抵押资产在清算过程中被最佳接手者获得的概率，有助于提高银行部门对企业固定资产的估价，因此利于缓解企业面临的融资约束。由于在初始工业占比较高的地区工业企业的集聚度较高，企业受益于较低的融资约束水平，从事创新活动的强度可能较高，从而能获得更快的生产率增长，甚至推动地区工业部门整体实现更快的增长。实证分析结果为理论模型的主要结论提供了依据，通过不同产业的横向比较，并构建企业层面融资约束指标以直接控制中介渠道，本章精确识别并估算了融资约束渠道在产业集群促进企业创新和生产率进步中的效果。

第一节 产业集群影响区域收敛的理论机制

波特的产业集群理论自提出以来不仅得到城市规划、地理、公共管理和经济发展等不同领域研究者的关注，也在美国、英国、法国、德国、荷兰、日本、新西兰等发达国家和诸多发展中国家获得了政策制定者的欢迎。波特认为，产业集群包括区域内基于相似性和互补性而互相关联的企业，以及与它们相适应的制度体系。① 波特强调，集群内企业之间的竞争和合作有利于创新与增长，最终有助于提升竞争力。他特别关注以下三条具体作用渠道：第一，产业集群通过竞争与合作强化企业的竞争力；第二，产业集聚改善企业创新的方向与速度；第三，产业集群有助于孵育新企业。尽管基于正外部性的概念，新古典发展经济学也类似地强调经济集聚的好处②，但这些早期研究主要强调集群内静态维度上的效率改进。与此不同，波特认为集聚企业的竞争优势取决于其动态改进的速度，即不在于企业当前的生产规模和要素投入结构，而在于其持续创新和提升生产率的能力。同时，产业集群理论还构建了一种将网络结构、社会资本和公众参与理论联系起来，并融入经济发展和企业竞争理论的崭新研究范式。

　　正如波特强调产业集聚推动经济增长的关键在于促进企业持续创新，现有关于地区间增长表现差异的研究越来越强调创新与创业的重要性，尤其是地区环境如何影响企业创新和创业行为。③ 现有文献指出，地区经济环境可以通过多条渠道影响创新活动。Chinitz（1961）认为，众多小企业形成的供给网络是企业创新的先决条件，他以纽约和匹兹堡供给网络结构差异对两地创新活动的影响为例说明了这点。④ Saxenian

---

① Porter, M. E. Location, competition, and economic development: Local clusters in a global economy [J]. *Economic Development Quarterly*, 2000, 14 (1): 15-34.

② Marshall, A. *Principles of Economics* [M]. London: Macmillan, 1890.

③ Davis, S. J., Haltiwanger, J. C., Schuh, S. *Job Creation and Destruction* [M]. Cambridge, MA: MIT Press, 1998. Glaeser, E. L., Kerr, W. R., Ponzetto, G. A. M. Clusters of entrepreneurship [J]. *Journal of Urban Economics*, 2010, 67 (1): 150-168. Saxenian, A. *Regional Advantage: Culture and Competition in Silicon Valley and Route* 128 [M]. Cambridge, MA: Harvard University, 1994. Feldman, M. P. The entrepreneurial event revisited: Firm formation in a regional context [J]. *Industrial and Corporate Change*, 2001, 10 (4): 861-891.

④ Chinitz, B. Contrasts in agglomeration: New York and Pittsburgh [J]. *American Economic Review*, 1961, 51 (2): 279-289.

（1994）认为硅谷突出的创新业绩与当地分散化的生产组织方式及突出的创新文化密不可分。① 还有许多学者研究了企业所在地区科研机构数量和创新扶持力度等环境对创新活动的影响。② 实证研究还发现，小企业形成的供给网络和集群内相关岗位的工人数量对企业创新具有显著的促进作用。③

与此同时，企业间的组织结构也决定了产业集聚产生的经济效益。现有文献指出，集群内大企业与小企业、初创企业与在位企业、本地企业与跨地区企业等的组成结构与集群内的创新强度密切相关。其中，一些研究发现，小企业和年轻企业对集群内持续的创新活动具有正向影响。④ 但另一些研究则认为，多元化和跨地区企业是整个集群的龙头，可以通过延伸或吸引等渠道催生新企业，促进地区创新。⑤

---

① Saxenian, A. *Regional Advantage: Culture and Competition in Silicon Valley and Route 128* [M]. Cambridge, MA: Harvard University, 1994.

② Audretsch, D. B. *Innovation and Industry Evolution* [M]. Cambridge, MA: MIT Press, 1995. Feldman, M. P. The entrepreneurial event revisited: Firm formation in a regional context [J]. *Industrial and Corporate Change*, 2001, 10 (4): 861-891. Acs, Z. J., Armington, C. *Entrepreneurship, Geography, and American Economic Growth* [M]. Cambridge: Cambridge University Press, 2006.

③ Glaeser, E. L., Kerr, W. R. Local industrial conditions and entrepreneurship: How much of the spatial distribution can we explain? [J]. *Journal of Economics & Management Strategy*, 2009, 18 (3): 623-663.

④ Henderson, J. V. Marshall's scale economies [J]. *Journal of Urban Economics*, 2003, 53 (1): 1-28. Rosenthal, S. S., Strange, W. C. Geography, industrial organization, and agglomeration [J]. *Review of Economics and Statistics*, 2003, 85 (2): 377-393. Glaeser, E. L., Kerr, W. R., Ponzetto, G. A. M. Clusters of entrepreneurship [J]. *Journal of Urban Economics*, 2010, 67 (1): 150-168.

⑤ Enright, M. J. Regional clusters and multinational enterprises: Independence, dependence, or interdependence? [J]. *International Studies of Management & Organization*, 2000, 30 (2): 114-138. Agrawal, A., Cockburn, I. The anchor tenant hypothesis: Exploring the role of large, local, R&D-intensive firms in regional innovation systems [J]. *International Journal of Industrial Organization*, 2003, 21 (9): 1227-1253. Klepper, S. Disagreements, spinoffs, and the evolution of Detroit as the capital of the US automobile industry [J]. *Management Science*, 2007, 53 (4): 616-631. Greenstone, M., Hornbeck, R., Moretti, E. Identifying agglomeration spillovers: Evidence from winners and losers of large plant openings [J]. *Journal of Political Economy*, 2010, 118 (3): 536-598.

融资是发展中国家的企业在创新过程中面临的重要难题。相比于内部融资，在外部融资中，由于投资者具有明显的信息不对称劣势，融资成本往往很高。① 创新活动比企业的其他行为具有更高的不确定性，这会增加投资者的风险暴露程度，并加重外部融资成本。② 通过缓解企业面临的外部融资约束，产业集聚可能促进企业创新。这一渠道与上文提到的产业集群的溢出效应、支持效应和示范效应等是互补的。对金融抑制普遍存在的发展中国家而言，缓解融资约束的渠道显得尤为重要。现有文献从不同角度对这一渠道进行了实证研究上的刻画。它们指出，缓解融资约束渠道之所以能发挥作用，主要是因为集群内广泛的重复交易缓解了外部融资面临的信任问题、产业内分工降低了企业的资金需求门槛，以及在集群内催生了多种非正规融资方案以绕过正规金融部门施加的融资约束。③

持续的创新有利于实现更快的经济增长。在传统的经济增长模型中，经济增长的主要源泉包括需求扩张、生产能力提升和市场开放等宏观因素。但创新行为和新产品在生产网络中的渗透，不仅有助于既有生产率向技术前沿收敛，也有助于先进技术的传播，因此同样可能加快经济增长。这在经济增长领域的文献中已被日益关注。现有实证研究表明，创新活动和创新扩散能够解释技术水平在全球范围内的收敛。④ 特别地，Soete 和 Verspagen（1993）通过分解经济增长中不同因素的贡

---

① Jensen, M. C., Meckling, W. H. Theory of the firm: Managerial behavior, agency costs and ownership structure [J]. *Journal of Financial Economics*, 1976, 3 (4): 305-360. Myers, S. C., Majluf, N. S. Corporate financing and investment decisions when firms have information that investors do not have [J]. *Journal of Financial Economics*, 1984, 13 (2): 187-221.

② Hall, B. H. The financing of research and development [J]. *Oxford Review of Economic Policy*, 2002, 18 (1): 35-51.

③ Mao, R. Industry clustering and financial constraints: A reinterpretation based on fixed asset liquidation [J]. *Economic Development and Cultural Change*, 2016, 64 (4): 795-821.

④ Dollar, D., Wolff, E. N. Convergence of industry labor productivity among advanced economies, 1963-1982 [J]. *Review of Economics and Statistics*, 1988, 70 (4): 549-558.

献，发现技术变化是造成地区间经济收敛的关键。[①] 得益于更宽松的融资环境，以及溢出效应、支持效应和示范效应等传统渠道，产业集群能促进企业更多地从事创新活动，从而促进其生产率进步，加快地区整体的经济增长。

当然，创新活动尽管有利于经济增长，至少在一定的发展阶段后成为技术进步和经济增长的主要动力，但创新并不一定能推动技术水平在地区间收敛，更不必然意味着产业结构在地区间收敛。[②] 事实上，由于先发优势的不同，各地区的主导产业往往不同。这意味着地区间的产业结构差异可能长期存在。要实现地区间的生产率收敛，不同地区就要充分发挥当地主导产业的优势，通过贸易、专利和合作研究等渠道，在主导产业内获得技术转移，掌握新技术，从而实现整体层面上的经济收敛。[③] 因此，如果产业集群在缓解融资约束、促进企业创新方面的效果主要体现在集群内，那么其就有望推动地区经济的增长与收敛。

第二节 产业集聚缓解融资约束的效果分析

一、现有文献对产业集聚与融资约束关系的讨论

主流宏观理论和相关的实证研究普遍认为，金融部门的完善与发展是实现经济增长的先决条件。但我国却在金融抑制仍普遍存在的环境下，实现了长期的高速经济增长，堪称经济增长奇迹。许多研究采取了不同视角，尝试解释该现象背后的原因。一些学者认为，尽管存在融资

[①] Soete, L., Verspagen, B. Convergence and divergence in growth and technical change: An empirical investigation [C] //AEA annual meeting in Anaheim, CA. 1993.

[②] Archibugi, D., Pianta, M. Aggregate convergence and sectoral specialization in innovation [J]. *Journal of Evolutionary Economics*, 1994, 4 (1): 17-33.

[③] Ibid.

约束，但正规金融部门内可能出现资金漏损，这体现为融资约束程度较高的企业可以从融资约束程度较低的企业那里融资，缓解面临的来自正规金融部门的融资约束。① 另一些学者认为，非正规金融渠道，包括私人借贷、轮转基金、钱庄和典当行等，可以成为企业的替代性融资方案，也有利于缓解它们的融资约束压力。② 还有学者指出，中小金融机构针对中小企业特点设计的信贷政策，帮助这些企业在大银行主导的正规金融部门之外找到了新的融资渠道。③ 最后，近期研究还发现，企业在面临融资约束时会适应性地选择资本要求相对较低的产业，以规避融资约束的限制。④

近年来，学者们开始关注产业集聚这一空间组织形式在缓解企业融资约束方面的重要作用。他们认为，集群内企业间的互惠合作（reciprocal cooperation）和互连交易（interlinking transactions）强化了其相互信任，从而产生了转包与信贷互连等非正式借贷形式，这有利于缓解企业的融资约束。⑤ 同时，通过集群内企业间的有序分工，每家企业从承担整个生产工序变为承担其中的一个工序环节，对资金的需求也有所降低。⑥ 同样地，由于分工协作鼓励企业使用贸易信贷（trade credit），

---

① 卢峰，姚洋. 金融压抑下的法治、金融发展和经济增长 [J]. 中国社会科学，2004，1（1）：42-55.
② 林毅夫，孙希芳. 信息、非正规金融与中小企业融资 [J]. 经济研究，2005，7（1）：35-44.
③ 林毅夫，李永军. 中小金融机构发展与中小企业融资 [J]. 经济研究，2001，10（1）：10-18. 李志赟. 银行结构与中小企业融资 [J]. 经济研究，2002，6（1）：38-45.
④ Bates, T. Self-employment entry across industry groups [J]. *Journal of Business Venturing*, 1995, 10（2）：143-156. McKenzie, D. J., Woodruff, C. Do entry costs provide an empirical basis for poverty traps? Evidence from Mexican microenterprises [J]. *Economic Development and Cultural Change*, 2006, 55（1）：3-42.
⑤ Ottati, G. D. Trust, interlinking transactions and credit in the industrial district [J]. *Cambridge Journal of Economics*, 1994, 18（6）：529-546.
⑥ Schmitz, H., Nadvi, K. Clustering and industrialization: Introduction [J]. *World Development*, 1999, 27：1503-1514.

企业对营运资本的需求也将降低。①

尽管这些研究对产业集聚缓解企业融资约束的原因提出了不同解释，但总体上它们都着眼于集群对非正规融资渠道的拓宽效果，而很少分析其对企业与正规金融部门，特别是企业与银行之间关系的影响。对企业而言，正规和非正规金融部门的信贷往往具有不同用途。非正规金融部门的信贷主要用于应对企业的短期运营资金不足等问题，正规金融部门的信贷才是企业从事创新等长期投资活动的主要资金来源。②

在现有文献中，少数学者利用银行与企业的匹配数据，研究了产业集聚对企业与银行间关系的影响。他们发现，产业集群中不仅企业间的信任水平较高，企业与银行间的信任水平同样较高。这是因为通过长期接触，地方银行能够相对充分地掌握当地企业的软信息，面临的信息不对称问题较轻，因此对企业施加的融资约束程度较低。③ 利用我国有关数据，实证研究也发现产业集聚提高了企业获得银行贷款的概率，并通过改善集约边际，提高了企业间信贷资源的配置效率。④ 不过，无论在理论模型还是实证分析方面，现有研究对产业集聚促进企业从银行获得贷款的具体作用机制尚未进行说明，也未检验产业集聚缓解融资约束的效果在当地产业集群内外企业之间的区别。

本节旨在考察一个产业集聚缓解企业融资约束的新机制。这一机制主要是指，由于银行接受的企业抵押物大多是不动产和机械设备等固定

---

① Long, C., Zhang, X. Cluster-based industrialization in China: Financing and performance [J]. Journal of International Economics, 2011, 84 (1): 112-123.

② 罗长远, 季心宇. 融资约束下的企业出口和研发: "鱼"与"熊掌"不可得兼？ [J]. 金融研究, 2015, 9 (1): 140-158.

③ Becattini, G. The Marshallian industrial district as a socioeconomic notion//Pyke, F., Becattini, G., Sengenberger, W. Industrial Districts and Inter-firm Cooperation in Italy [M]. Geneva: International Institute for Labour Studies, 1990: 37-51. Ottati, G. D. Trust, interlinking transactions and credit in the industrial district [J]. Cambridge Journal of Economics, 1994, 18 (6): 529-546.

④ 盛丹, 王永进. 产业集聚、信贷资源配置效率与企业的融资成本——来自世界银行调查数据和中国工业企业数据的证据 [J]. 管理世界, 2013, 6 (1): 85-98.

资产，这些资产具有地域不变性和产业专用性，因此得益于产业集群内的企业在地理上的相近性和在固定资产需求方面较高的相似性，它们是这些资产的最佳替代使用者。[①] 换言之，当一家企业需要折变固定资产时，集群程度越高，资产就越容易变卖，也越有可能获得较高的变卖价格。这意味着对银行而言，抵押资产具备的潜在市场价值越高，因而银行在做出信贷决策时，就越可能给予企业更多的贷款。显然，这一机制的有效性与企业所在产业的固定资产依赖度有关。同时，该机制还与集群内企业间的增长差异度有关。这是因为，当企业容易遭遇系统性负面冲击，从而需要同时折变固定资产时，集聚程度再高也可能无法帮助企业找到固定资产的接手者，这时该机制的效果就会减弱。本节将通过构建理论模型和基于中国工业企业数据库的实证分析，论证并识别产业集聚在缓解企业融资约束方面的上述机制。

与目前关于产业集聚缓解企业融资约束的实证研究相比，本节对融资约束的度量指标有所差别。具体而言，本节构建的融资约束指标依托于金融等级理论。该理论认为，由于信贷市场中存在信息不对称问题，因此企业在面临融资约束时，对不同来源的资金具有偏好上的先后等级，即将优先选择内部资金，只有在内部资金不足时，才会寻求外部融资。[②] 与之相比，在不面临融资约束时，企业则不会表现出内外部资金间的先后等级。因此，融资规模与内部资金间的关联度就可以衡量企业面临的融资约束程度。在有关文献中，这一关联度也被称为"投资-现金流敏感度"。实证研究发现，收入留存率较高的企业往往具有较高的

---

① Shleifer, A., Vishny, R. W. Liquidation values and debt capacity: A market equilibrium approach [J]. *Journal of Finance*, 1992, 47 (4): 1343-1366.

② Myers, S. C. The capital structure puzzle [J]. *Journal of Finance*, 1984, 39 (3): 574-592. Myers, S. C., Majluf, N. S. Corporate financing and investment decisions when firms have information that investors do not have [J]. *Journal of Financial Economics*, 1984, 13 (2): 187-221. Greenwald, B., Stiglitz, J. E., Weiss, A. Informational imperfections in the capital market and macroeconomic fluctuations [J]. *American Economic Review*, 1984, 74 (2): 194-199.

投资-现金流敏感度①，这与上述企业容易面临融资约束的事实相符，说明该指标确实能反映融资约束程度。实证研究还发现，投资-现金流敏感度在不同类型的企业间存在区别②，其大小与企业的资产有形度（tangibility）和所有制密切相关，这同样说明了该指标具有合理性。

当然，实证文献中关于融资约束程度存在许多不同的衡量指标，投资-现金流敏感度只是其中之一。但有关不同指标在反映真实融资约束情况方面的对比研究显示，投资-现金流敏感度指标能够较为有效地避免问卷调查等方法在试图直接获得约束程度反馈时容易面临的主观性问题，也能较好地避免其他指标在反映约束程度过程中容易产生的偏误问题，并且在不同企业融资约束程度差异的对比方面具有优势。③但目前该方法暂时还没有被用于分析产业集聚对融资约束的作用效果。

二、产业集聚缓解融资约束的理论模型

本节将首先构建一个理论模型，论证产业集聚缓解企业融资约束的效果，特别是其中的提高企业固定资产抵押能力这一作用渠道。本节的理论模型主要基于 Bernanke 等（1996）的融资约束理论框架。④ 假设经济中有企业和银行两方行为主体。企业的目标是按照利润最大化的方式

---

① Fazzari, S. M., Hubbard, R. G., Petersen, B. C., et al. Financing constraints and corporate investment [J]. *Brookings Papers on Economic Activity*, 1988, (1), 141-206.

② Almeida, H., Campello, M. Financial constraints, asset tangibility, and corporate investment [J]. *Review of Financial Studies*, 2007, 20 (5): 1429-1460. Poncet, S., Steingress, W., Vandenbussche, H. Financial constraints in China: Firm-level evidence [J]. *China Economic Review*, 2010, 21 (3): 411-422. Guariglia, A., Liu, X., Song, L. Internal finance and growth: Microeconometric evidence on Chinese firms [J]. *Journal of Development Economics*, 2011, 96 (1): 79-94.

③ Silva, F., Carreira, C. Measuring firms' financial constraints: A rough guide [J]. *Notas Económicas, Faculdade de Economia, Universidade de Coimbra*, 2012, 36, 23-46. Farre-Mensa, J., Ljungqvist, A. Do measures of financial constraints measure financial constraints? [J]. *Review of Financial Studies*, 2016, 29 (2): 271-308.

④ Bernanke, B., Gertler, M., Gilchrist, S. The financial accelerator and the flight to quality [J]. *Review of Economics and Statistics*, 1996, 18 (11): 1-15.

生产，但生产过程中需要融资。企业所需的资本包括两部分。一种是固定资产，将其规模记作 K；另一种是可变资产，将其规模记作 X。其中，固定资产是前置的，即必须在生产前投资完毕，并且与企业的生产规模无关。企业的产出仅取决于可变资产：

$$Y = Af(X). \tag{6.1}$$

在上式中，Y 表示生产规模，A 代表企业的生产率水平，$f(\cdot)$ 刻画了要素的组合形式。在此假设 $f(\cdot)$ 是递增的凹函数。企业的可变资产可以通过内部和外部两种融资渠道获得。其中，内部融资受限于企业上一期获得的现金流 C，外部融资受限于融资约束程度。考虑到银行是我国正规金融部门的主体，为简单起见，假设银行是企业外部融资的唯一来源。因此，企业当期的融资规模将由以下会计恒等式决定：

$$X = C - R \times B + B'. \tag{6.2}$$

（6.2）式中，B 表示企业上一期已有的负债水平，R 表示 1 单位负债对应的本息和，即如果令 r 为贷款利率，则 $R = 1 + r$。B' 表示企业当期获得的负债规模。因此，根据（6.2）式，企业的可变资产就是内部融资 C 与外部融资规模 B' 之和再扣除掉用于偿付既有债务本息支出后的剩余部分。

如果不存在融资约束，则内部融资 C 和外部融资 B' 是完全替代的。此时，企业对资金来源不具有偏好等级，这表现为融资总规模与内部资金规模之间没有明显的关联。但如果由于信息不对称问题，企业面临来自银行的融资约束，则银行可能对企业的外部融资规模施加限制。为简单起见，假设企业生产的结果是不确定的，存在生产失败风险，一旦该风险发生，企业将无法获得任何产出。如果信贷是有限责任的，那么当企业没有产出时，银行也就无法获得任何投资回报。[①] 反之，如果风险

---

① 严谨地讲，不妨认为银行除投资企业外还能选择一种安全、但回报率较低的项目。

没有发生，则企业将按照（6.1）式确定的生产规模获得产出，银行也将按照事先与企业确定好的利率 r 获得投资回报。但银行面临信息不对称问题，这表现为生产是否失败只能被企业自身观察到，或者如现有文献所诠释的[①]，即使银行观察到了企业生产的成败情况，也难以向法院加以证实（verify）。利用自身的信息优势，显然无论真实情况如何，企业总是会声称生产失败，以规避向银行支付其投资回报。考虑到这种情况，在没有任何有效约束措施的前提下，银行将不会向企业提供任何贷款。

为了从银行获得贷款，企业就必须向银行提供抵押物，以抵消银行因为信息不对称而面临的风险。根据模型设定，企业的前置固定资产就是有效的抵押物。但对银行而言，抵押物的价值并不等于其购置时的总金额 K，而是取决于在需要将抵押物变现时可以获得的市场价值。为此，假设生产结束后，市场上关于企业固定资产的变现价格是 Q。这意味着 K 单位的固定资产具有的市场变现价值是 $Q \times K$。因此，银行愿意向企业提供的贷款规模就不会超过：

$$B' \leq Q \frac{K}{R'}. \qquad (6.3)$$

在（6.3）式中，R' 是企业面临的市场利率水平。该式具有直观的经济含义，即由于存在不对称信息，银行愿意向企业提供的贷款不应超过企业抵押物可能获得的市场价值的当期贴现值。

显然，如果企业的外部融资需求没有达到（6.3）式规定的上限，则企业可以顺利地从银行获得信贷。这时，如果内部融资规模减小，企业就可以增加外部融资规模，保证总投资规模不变。也就是说，此时的投资-现金流敏感度为 0，与企业不面临融资约束时一样。但如果企业

[①] Bolton, P., Scharfstein, D. S. A theory of predation based on agency problems in financial contracting [J]. *American Economic Review*, 1990, 80 (1): 93–106.

的外部融资需求超过了这一上限,此时(6.3)式就变成了紧约束。换言之,内部融资的规模一旦减小,由于无法增加外部资金,企业的投资规模也将相应地减小。这时,企业的投资-现金流敏感度为1。因此,在以上简单情形中可以看到,融资约束的程度将导致投资-现金流敏感度在0和1之间二相地变化。

考虑更一般的情形,即企业并不是确定性地触及外部融资上限。例如,企业的融资规模需求可能并非事先确定,在生产开始前存在一定的不确定性。这时给定其前期现金流规模,企业触及外部融资上限就变成了概率性事件。因此,在事先来看,银行将以一定的概率对目标企业进行有效的贷款限制。这意味着如果(6.3)式中的信贷上限提高,那么企业的投资-现金流敏感度将会下降,并且这种变化是连续的。

根据(6.3)式,信贷上限与三个参数有关,分别是企业的前置固定资产规模 K、市场利率水平 R',以及企业固定资产折变时面临的市场价格 Q。给定另外两个参数,固定资产的变现价格 Q 越高,信贷上限就越高,企业面临的融资约束就越少,其投资-现金流敏感度也就变得越小。如上文所述,固定资产的变现一方面取决于企业遇到接盘企业的概率,另一方面也取决于接盘企业愿意支付的平均价格。假设 p 是企业遇到需要同类固定资产的其他企业,即固定资产的最佳替代使用者的概率。假设 q 是这些潜在接盘企业在平均意义上愿意为固定资产支付的变现价格。前者显然与固定资产最佳替代使用者的空间分布有关,即是产业集聚程度的函数。后者则是固定资产折变市场中供需双方共同决定的参数,在此为简化起见,假设其是外生确定的。

$$Q = p \times q. \tag{6.4}$$

(6.4)式就刻画了企业固定资产折变时市场价格的决定形式。显然,无论是遇到接盘者的概率提高,还是接盘者愿意支付的平均价格提高,都有助于增加企业固定资产的潜在市场价值。为了刻画产业集聚对

企业固定资产价值的影响,假设企业遇到固定资产最佳替代使用者的概率 p 由下式决定:

$$p = p(con) , \qquad(6.5)$$

其中,con 是产业集聚度,并且概率 p 与产业集聚度 con 正相关。如果记本地区同产业的企业数量为 n,当地的企业总数为 N,那么产业集聚度就取决于这两个参数,不妨将其记为 $con = con(n, N)$[①]。当企业所在行业在企业所在地区中分布得越密,在变现固定资产时,企业遇到资产的最佳替代使用者的概率就越大。

不过,产业集聚度 con 与概率 p 之间的正相关性可能受到另两个因素的影响。第一个因素是最佳替代者的资产需求。尽管本地区中的同产业企业是违约企业抵押资产的最佳替代使用者,但如果它们缺乏资产需求,就不可能接手违约企业的变现资产。假设有某家违约企业需要变现 1 单位固定资产,则显然在本地的同产业企业中,只有对固定资产的需求规模超过 1 单位的企业才是真正的潜在接盘者。令 fix 为在某产业的所有企业中,固定资产占总资产比重的平均水平。显然,该比重越大,就意味着该产业整体而言具有越高的固定资产依赖度。因此,fix 越大的产业,产业集群内具有足够资产需求的企业数量就越多。这意味着在同样的集聚程度下,集群增加固定资产的有效接盘者的效果就越明显。在数学上,这说明产业平均的固定资产依赖度 fix 能够强化产业集聚度 con 与违约企业遇到资产接盘者的概率 p 之间的正相关性。

第二个因素是最佳替代者对固定资产需求的出现时间。显然,除了对固定资产需求的规模外,同地区、同产业的其他企业是否正好在违约企业需要变现固定资产时体现出购入固定资产的需求,也对产业集聚度

---

① 在所有企业都是同质(尽管可能属于不同产业)的假设下,可以很自然地想到用比例 n/N 度量集聚程度 con。但在现实数据中,各个企业在规模、产值等方面都不尽相同,因而直接使用这一比例是有问题的。在本节的实证分析中,将以赫芬达尔指数来度量集聚程度 con,以便考量企业间的差异性。

con 与违约企业遇到资产接盘者的概率 p 之间的正相关关系具有重要的影响。一般而言,只有当企业遭遇负向冲击、增长速度放缓或出现负增长时,违约风险才会出现。与之相反,企业购置固定资产的需求则往往出现在遇到正向冲击、从而增速有望提高之时。当一个产业内不同企业容易遭遇系统性的负面冲击从而企业之间的增长差异度很小时,那么即便产业平均的固定资产依赖度较高,但由于企业可能同时出现变现固定资产的需求,因此当一家企业违约时,其固定资产被其他企业接手的可能性也不高。反之,如果产业中的企业增长表现差异度较大,那么当一家企业因遭受负向冲击而违约时,产业内的其他企业有可能正面临正向冲击而具有增加固定资产的需求,因此违约企业固定资产被其他企业接盘的概率就较高。如果将产业内企业间的增长差异度记为 var,那么 var 就能够加强产业集聚度 con 与固定资产被接手概率 p 之间的正相关性。

基于以上两方面对产业特征的考虑,可以将(6.5)式中违约企业遇到固定资产的最佳替代使用者的概率 p 重新写成:

$$p = p(con; fix, var), \quad (6.6)$$

其中,括号内的分号表示,尽管违约企业遇到替代使用者的概率 p 取决于产业集聚度 con,但两者间的关联受到参数 fix 和 var 的影响。具体来说,产业集聚度 con 与概率 p 之间的正相关性随产业的平均固定资产依赖度 fix 而增强,也随产业内企业间的增长差异度 var 而增强。

结合上面的全部分析,可以将信息不对称环境下企业受到的来自银行的信贷规模限制写成如下形式:

$$B' \leq Q\frac{K}{R'} = p(con; fix, var) q \frac{K}{R'}. \quad (6.7)$$

根据(6.7)式,可以做出下面的理论推论。

推论 1:产业集聚度越高,则集群内企业的投资-现金流敏感度越低。

推论2：对固定资产依赖度越高的产业而言，产业集聚度在提高减小集群内企业投资-现金流敏感度方面的效果越强。

推论3：对企业间增长差异度越高的产业而言，产业集聚度在提高减小集群内企业投资-现金流敏感度方面的效果越强。

三、产业集聚缓解融资约束的实证检验

利用1998—2007年间的中国工业企业数据库①，本节将系统检验以上理论模型推论。参照文献中的普遍做法②，本节对数据进行了如下清理，以减少数据质量问题对实证分析结果的影响。具体来说，本节剔除了销售额为负数、总资产小于固定资产净值或流动资产、累计折旧值不足当期折旧总值等与一般会计准则相悖的观测值，也剔除了回归模型中关键变量低于样本最低1%水平和高于最高1%水平的极端观测值③，以避免极端值对回归结果的偏误影响。为计算投资-现金流敏感度，需要首先根据文献，定义投资额和现金流的测算方法。在本节中，投资额被定义为企业当年年末与上年年末固定资产的账面值变化再加上本年的资本折旧。现金流被定义为企业的营业利润与当年折旧之和。由于计算投资额时涉及前后两年的资产差额，本节根据现有文献④，利用

---

① 有关该数据库的介绍，见：聂辉华，江艇，杨汝岱. 中国工业企业数据库的使用现状和潜在问题[J]. 世界经济，2012，5（1）：142-158.
② 聂辉华，江艇，杨汝岱. 中国工业企业数据库的使用现状和潜在问题[J]. 世界经济，2012，5（1）：142-158. Guariglia, A., Liu, X., Song, L. Internal finance and growth: Microeconometric evidence on Chinese firms[J]. *Journal of Development Economics*, 2011, 96（1）：79-94.
③ 剔除这些观测值后，剩余样本中相关变量的最小（大）值相对于样本最低（高）1%分位数而言不再表现出明显异常。
④ Brandt, L., Van, Biesebroeck, J., Zhang, Y. Creative accounting or creative destruction? Firm-level productivity growth in Chinese manufacturing[J]. *Journal of Development Economics*, 2012, 97（2）：339-351.

企业的法人代码将前后两年的工业企业数据匹配起来。① 在经过以上全部的处理步骤后,本节实证分析中最终使用的样本共计 818 417 个。

在产业集聚度的刻画方面,本节采用赫芬达尔指数。具体来说,赫芬达尔指数衡量了一个地区中不同产业在年产值维度上的集中程度。现有文献对地区的定义不尽相同。有的考察镇级地区,有的则考察省级地区。但总体上地区层面的选择并不会造成研究结论的巨大差异。② 为此,折中考虑起见,本节将地区界定在市级层面。不妨以 c 表示城市,i 表示产业,t 表示年份,并以 x_{ict} 表示城市 c 的产业 i 在第 t 年的赫芬达尔指数。如果该城市当年共有 N 个产业,那么根据赫芬达尔指数的定义,x_{ict} 就由下式决定:

$$indconc_{ct} = \sum_{i=1}^{N}(x_{ict}/\sum_{i=1}^{N}x_{ict})^2. \quad (6.8)$$

显然,$indconc_{ct}$ 的取值在 0 和 1 之间。当 $indconc_{ct}$ 的取值越小时,就表示产业集聚度越低。换言之,这意味着该地区拥有较为多样化的产业,但就产值而言,其分布情况较为平均,因此地区内产业集聚的程度不高。反之,当 $indconc_{ct}$ 的取值越大时,就表示产业集聚度越高,即地

---

① 聂辉华等(2012)指出,数据库中存在个别不同企业共享同一法人代码的情况,从而可能导致基于法人代码的匹配方法产生"误配"结果。识别该问题的最直观方法是,检验同一法人代码的企业是否拥有相同的企业名称。但是,由于企业在改制、重组、搬迁等过程中频繁更名,企业名称往往比法人代码更不稳定。本节的处理方法是,根据企业名称最后五个字的一致性界定出可能产生"误配"结果的法人代码集合,再从中剔除那些企业邮政编码始终保持一致、企业开工时间始终保持一致、企业所在行业类别和登记注册类型始终保持一致,以及企业国有控股情况始终保持一致的法人代码,最终剩下的法人代码就被识别为产生了"误配"结果的法人代码。该方法的结果显示,"误配"样本在总样本中的占比不足 3‰。本节剔除了这些样本。另外,Brandt 等(2012)采用了序贯的匹配方法。也就是说,在按照企业名称匹配样本后,再继续使用地区代码、电话号码、开工年份、邮政编码、行业代码、主要产品、所在县等其他变量匹配剩余的样本。然而通过检查发现,他们的匹配方法会导致过度匹配,增加"误配"的可能性,因此本节没有延续该做法。

② Ruan, J., Zhang, X. Credit constraints, clustering, and profitability among Chinese firms [J]. *Strategic Change*, 2012, 21 (3-4): 159-178. Long, C., Zhang, X. Cluster-based industrialization in China: financing and performance [J]. *Journal of International Economics*, 2011, 84 (1): 112-123.

区中的主导产业较为鲜明。

显然,当采用不同的产业分类标准时,按照(6.8)式计算出的城市 c 第 t 年的产业集聚度也将不同。特别地,如果产业区分得越细,每个产业的规模就越小,因此容易获得相对较小的产业集聚度指数 $indconc_{ct}$。反之,如果产业区分得越粗,每个产业的规模就越大,也就越容易获得相对较大的产业集聚度指数。事实上,如果考虑将所有产业都归为一个大类这种极端情况,那么按照(6.8)式算出的产业集聚度指数 $indconc_{ct}$ 就是 1。考虑到结果的稳健性,本节将依次使用两位数、三位数和四位数三种不同细分程度的行业分类标准,以计算每种标准下的赫芬达尔指数。

在开始严谨的计量分析之前,可以在"城市-年份"层面上先行考察产业集聚与平均的投资-现金流敏感度之间的关系,以直观验证集聚度提高有助于缓解融资约束。具体来说,不妨将同一城市、同一年份的所有企业视为一个"城市-年份"组,根据投资-现金流敏感度的一般估算公式计算它们的平均融资约束水平:

$$\frac{inv_{ict}}{cap_{ict}} = \beta \times \frac{cashflow_{ict}}{cap_{ict}} + cons + \varepsilon_{ict}. \quad (6.9)$$

在(6.9)式中,inv_{ict} 表示"城市-年份"组 ct 中企业 i 的投资额,$cashflow_{ict}$ 表示该企业的现金流。显然,系数 β 反映了"城市-年份"组中所有企业平均的融资约束水平。考虑到企业的规模差异,在估算系数 β 时,实际已经将投资额与现金流通过除以企业的资本存量 cap_{ict} 的方式进行了规则化处理。在(6.9)式中,$cons$ 对应于常数项,而 ε_{ict} 是误差项,这与一般的实证模型无异。根据上文中理论模型的有关推论,当不存在融资约束时,企业的投资额与现金流之间将不存在显著的关联,因此预计在此情况下系数 β 不会显著地异于 0。但如果存在融资约束,那么可以预计 β 将显著为正。通过估算(6.9)式,可以获得每个"城市-

年份"组中的平均投资-现金流敏感度 β。

图6.1展示了"城市-年份"组中产业集聚水平和平均投资-现金流敏感度 β 之间的关系。具体来说，首先可以计算各"城市-年份"组在两位数行业层面上的赫芬达尔指数，以表示其产业集聚度。根据所有"城市-年份"组赫芬达尔指数分布的十分位数，可以将这些组归为十类，其中第一类表示产业集聚度最低的"城市-年份"组，第十类表示产业集聚度最高的"城市-年份"组。通过计算每个类别中所有"城市-年份"组的赫芬达尔指数和投资-现金流敏感度 β 的平均值，可以获得图6.1中的散点分布图。显然，如图所示，产业集聚度较高的"城市-年份"组往往具有较低的平均投资-现金流敏感度 β。

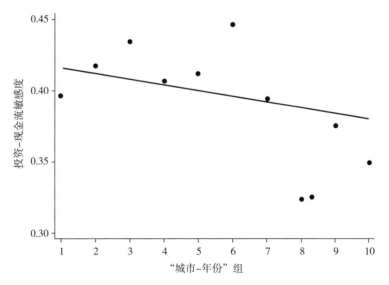

图6.1 "城市-年份"组的产业集聚度与其平均投资-现金流敏感度

注：任意年份中的任意城市均构成一个"城市-年份"组。每个"城市-年份"组的产业集聚度由其中两位数行业分类标准下各产业年产值的赫芬达尔指数衡量。每个"城市-年份"组中企业的投资-现金流敏感度根据（6.9）式估计而得。横轴根据产业集聚度的十分位数将所有"城市-年份"归为十类。其中，第一类"城市-年份"组（组1）的产业集聚度最低，第十类"城市-年份"组（组10）的产业集聚度最高。纵轴为各类"城市-年份"组中投资-现金流敏感度 β 的平均值。

不过，由于图 6.1 展示的是各"城市-年份"组中平均的产业集聚程度和投资-现金流敏感度，不能体现在各组内部是否仍然存在这两者间的负相关性。为此，有必要通过设定以下形式的计量模型，严格地检验"城市-年份"组层面上，产业集聚与投资-现金流敏感度之间的统计关系。具体来说，不妨首先计算各"城市-年份"组中所有企业的总投资额与总现金流，并将两者通过除以这些企业的总资本存量进行规则化处理。换言之，这相当于将地区看成一个大企业，以考察其投资-现金流敏感度。其次，为了估算"城市-年份"组的投资-现金流敏感度如何随产业集聚度变化而变化，需要将后者以交叉项的形式加入投资-现金流敏感度的估算模型中。具体的计量模型设定如下：

$$\frac{inv_{ct}}{cap_{ct}} = (\beta_1 + \beta_2 \times indconc_{ct}) \times \frac{cashflow_{ct}}{cap_{ct}} + \gamma_1 \times indconc_{ct} + cons + \mu_c + \mu_t + \varepsilon_{ct}, \quad (6.10)$$

其中，inv_{ct} 表示城市 c 第 t 年中所有企业的总投资额，$cashflow_{ct}$ 表示它们的总现金流，cap_{ct} 表示它们的总资本存量。产业集聚度 $indconc_{ct}$ 仍以赫芬达尔指数衡量，并通过水平项和经由总现金流的交互项进入实证模型。因此，(6.10) 式中的系数 β_1 就是产业集聚度为 0 时的投资-现金流敏感度，系数 β_2 则反映了产业集聚度对投资-现金流敏感度的影响。显然，如果产业集聚度能够缓解融资约束，即理论模型的推论 1 成立，那么应当预期 β_2 显著为负。在 (6.10) 式中，产业集聚度水平项对应的系数 γ_1 体现了产业集聚度对投资率可能存在的直接影响。同时，按照常规设定，$cons$、μ_c、μ_t 和 ε_{ct} 分别对应于常数项、城市固定效应、年份固定效应和误差项。

不过，(6.10) 式中"城市-年份"组层面上的估计可能掩盖了地区内不同企业由于规模等维度上的差异，在面临产业集聚度对投资-现金流敏感度影响时存在的异质性效果。因此，有必要在企业层面上对

(6.10) 式进行重新估计。在企业层面上重新估计的另一个好处是,可以在评估产业集聚缓解融资约束的效果时,区别产业集群内外企业之间所受影响的差异。具体来说,可以用一个二元变量 $member_{ict}$ 衡量企业 i 在第 t 年中是否属于城市 c 集聚度最大的产业,即所谓当地的"主产业"。继而,可以在通过产业集聚度与企业现金流的交叉项来刻画产业集聚对投资-现金流敏感度影响的同时,进一步控制该交叉项与企业是否属于主产业这一虚拟变量的交互作用,以反映产业集聚在主产业内外的企业间缓解融资约束的效果差异。具体来说,企业层面的实证模型具有以下形式:

$$\frac{inv_{ict}}{cap_{ict}} = (\beta_1 + \beta_2 \times indconc_{ct} + \beta_3 \times member_{ict} + \beta_4 \times indconc_{ct}$$

$$\times member_{ict}) \times \frac{cashflow_{ict}}{cap_{ict}} + \gamma_1 \times indconc_{ct} + \gamma_2 \times member_{ict}$$

$$+ \gamma_3 \times indconc_{ct} \times member_{ict} + cons + \mu_i + \mu_t + \varepsilon_{ict}. \quad (6.11)$$

在(6.11)式中,inv_{ict}、$cashflow_{ict}$ 和 cap_{ict} 分别表示城市 c 的企业 i 在第 t 年中的投资额、现金流和资本存量。如前文所述,$member_{ict}$ 是衡量企业是否属于当地主产业的二元变量。当企业在当地集聚度最大的产业中时,$member_{ict}$ 取值为 1;当企业不在当地集聚度最大的产业中时,$member_{ict}$ 取值为 0。在(6.11)式中,系数 β_1 衡量了在产业集聚度为 0 时,主产业外企业的投资-现金流敏感度。系数 β_3 衡量了同样在产业集聚度为 0 时,相比于主产业外的企业,主产业内企业的投资-现金流敏感度。系数 β_2 体现了产业集聚度对主产业外企业的投资-现金流敏感度的影响。系数 β_4 则进一步反映了相对于主产业外的企业,产业集聚对主产业内企业的投资-现金流敏感度的额外影响。如果 $\beta_2+\beta_4<0$,就印证了理论模型的推论 1,说明产业集聚度的提高将缓解主产业内企业的融资约束。如果 $\beta_2<0$,则说明即使对主产业外的企业而言,产业集聚度

的提高也能缓解融资约束。需要注意的是，系数 β_3 和 β_4 共同反映了在给定产业集聚度的前提下，主产业内外的企业在投资-现金流敏感度上的差异。具体来说，如果 $\beta_3+\beta_4\times indconc_{ct}<0$，就说明在既有的产业集聚度下，主产业内企业的投资-现金流敏感度比其他企业更低。在（6.11）式中，系数 γ_1、γ_2 和 γ_3 依次衡量了产业集聚度、企业是否属于当地主产业以及这两者的交互项直接影响企业投资率的水平效应。与通常设定一致，$cons$、μ_i、μ_t 和 ε_{ct} 分别表示常数项、企业固定效应、年份固定效应与误差项。

考虑到企业在投资决策中往往具有时间维度上的序列相关性，因此可以在（6.11）式的基础上，参照 Guariglia 等（2011）的做法将其拓展为动态面板模型，并使用广义矩估计法（GMM）加以估计。① 这种模型设定形式还能够在一定程度上缓解（6.11）式中产业集聚度变量可能面临的内生性问题。动态面板模型的具体形式为：

$$\frac{inv_{ict}}{cap_{ict}} = \begin{pmatrix} \beta_1 + \beta_2 \times indconc_{ct} + \beta_3 \times member_{ict} + \beta_4 \\ \times indconc_{ct} \times member_{ict} \end{pmatrix} \times \frac{cashflow_{ict}}{cap_{ict}}$$

$$+ \beta_5 \times \frac{inv_{ict-1}}{cap_{ict-1}} + \gamma_1 \times indconc_{ct} + \gamma_2 \times member_{ict}$$

$$+ \gamma_3 \times indconc_{ct} \times member_{ict} + cons + \mu_i + \mu_t + \varepsilon_{ict}. \quad (6.12)$$

相比于（6.11）式，（6.12）式的主要不同在于控制了标准化后投资额的滞后项对当期投资的影响。在（6.12）式中，如果系数 β_5 显著为负，则说明企业投资行为在时间序列维度上存在动态负相关性，即如果企业在上一期的投资规模相对较大，那么当期的投资规模就会相对减小。这也意味着企业的相对投资规模具有收敛性。

基于（6.10）、（6.11）和（6.12）式的回归结果如表 6.1 所示。

---

① Guariglia, A., Liu, X., Song, L. Internal finance and growth: Microeconometric evidence on Chinese firms [J]. *Journal of Development Economics*, 2011, 96 (1): 79-94.

其中，第（1）列结果对应于城市层面的固定效应模型，第（2）列结果对应于企业层面的静态模型，第（3）列结果则对应于企业层面的动态模型。第一列结果显示，城市层面产业集聚度的增加能够降低投资-现金流敏感度，即对城市中的所有企业平均而言，产业集聚有助于缓解融资约束。具体来说，估计结果表明当基于两位数行业分类标准的赫芬达尔指数增加 1 个百分点时，城市平均的投资-现金流敏感度将下降 2.226 个百分点。在现实中，这一结果的效力不容小觑。比如，考虑一个具有中等产业集聚度的城市，其赫芬达尔指数正好处在均值水平 0.2 上。根据估计系数，该城市中企业平均的投资-现金流敏感度就应当是 0.497−2.226×0.2=0.05。再考虑一个产业集聚度最低的城市，其赫芬达尔指数处于样本中的最低水平 0.06 上。根据估计系数，该城市中企业平均的投资-现金流敏感度就应当是 0.497−2.226×0.06=0.36。对比可知，产业集聚度最低城市中的融资约束程度是中等产业集聚度城市中的 7.2 倍。

表 6.1　产业集聚缓解了融资约束

被解释变量： 投资/期初资产	城市层面 固定效应模型 （1）	企业层面	
		固定效应模型 （2）	动态面板 GMM 模型 （3）
现金流/期初资产（β_1）	0.497***	0.405***	0.470***
	（0.071）	（0.007）	（0.011）
×产业集聚度（β_2）	−2.226***	−0.136***	−0.306***
	（0.276）	（0.052）	（0.085）
×处于最大产业（β_3）		0.053***	0.047*
		（0.017）	（0.028）
×产业集聚度× 处于最大产业（β_4）		−0.481***	−0.390*
		（0.127）	（0.204）

（续表）

被解释变量：投资/期初资产	城市层面 固定效应模型 （1）	企业层面 固定效应模型 （2）	企业层面 动态面板 GMM 模型 （3）
上年的投资/期初资产（β_5）			−0.037*** (0.003)
样本量	2 397	530 022	180 220
调整后的 R^2	0.471	0.197	
H0：残差差分无 AR（1）			−69.01
H0：残差差分无 AR（2）			2.24
H0：无过度识别（p 值）			0.09

注：括弧内为标准误。***$p<0.01$，**$p<0.05$，*$p<0.1$。控制变量还包括产业集聚度、处于当地最大产业、产业集聚度×处于当地最大产业、常数项、城市或企业固定效应、年份固定效应。动态面板 GMM 模型设定为水平 GMM 方程，并按默认方式选取滞后变量作为工具变量。残差差分序列相关检验中的统计量在 H0 下渐进服从标准正态分布；过度识别检验中的统计量在 H0 下服从卡方分布。

第（2）列结果表明，在企业层面上同样存在产业集聚缓解融资约束的有力证据，并且产业集聚对企业融资约束的影响与企业是否属于当地集聚程度最高的主产业有关。具体而言，如果企业不属于当地集聚程度最高的主产业，则产业集聚度上升 1 个百分点将使投资-现金流敏感度减少 0.136 个百分点。如果企业属于主产业，则产业集聚度上升 1 个百分点时，投资-现金流敏感度将降低 0.136+0.481 = 0.617 个百分点。由于主产业内企业的投资-现金流敏感度随产业集聚度上升而下降得更快，因此对两个具有不同产业集聚度的城市而言，其主产业内企业之间融资约束程度的差异相比于主产业外企业而言将明显更大。例如考虑一个赫芬达尔指数位于均值水平 0.2 上的城市和一个赫芬达尔指数位于样本最低水平 0.06 上的城市。对主产业外的企业而言，前一个城市中的投资-现金流敏感度为 0.405−0.136×0.2 = 0.38，而在后一个城市中为

0.405−0.136×0.06＝0.40，两者仅相差 0.02。但对主产业内的企业而言，前一个城市中的投资-现金流敏感度为 0.405+0.053−0.617×0.2＝0.33，而在后一个城市中为 0.405+0.053−0.617×0.06＝0.42，两者相差 0.09。因此，主产业内企业面临的融资约束差异比主产业外企业更大。

根据第（2）列估计结果，还可以推知相比于当地主产业外的企业，主产业内企业的投资-现金流敏感度往往更低。具体来说，这两类企业之间投资-现金流敏感度的差异为：$0.053-0.481 \times indconc_{ct}$。仍以赫芬达尔指数位于均值水平 0.2 上的城市为例。该城市中主产业内的企业所面临的投资-现金流敏感度就比主产业外的企业低 0.04。事实上，只要赫芬达尔指数大于 0.110，就始终有主产业内企业比主产业外企业的投资-现金流敏感度更低这一结论。在样本中，满足赫芬达尔指数大于 0.110 的"城市-年份"组约有 75% 的占比。对于剩下的"城市-年份"组，由于赫芬达尔指数本身已经很小，即它们所含企业的产业分布是相对平均的，因此这时主产业的意义不强也是容易理解的。

表中的第（3）列显示了基于动态面板模型所估计的企业层面回归结果。总体而言，其结论与静态模型是一致的，仍然说明产业集聚能够缓解融资约束，特别是针对当地主产业内的企业。与此同时，结果还显示企业的投资决策是收敛的。

根据上文中的理论模型，产业集聚之所以能够缓解企业的融资约束，重要的机制之一是由于集群中存在本地区的其他同产业企业，使违约企业在被迫折变固定资产时更容易遇到资产的最佳替代使用者。因此在集聚程度高的集群中，银行在做出信贷决策时更倾向于给予企业更高的固定资产估值，这就放松了企业面临的融资约束。尽管以上实证结论说明了产业集聚能够缓解融资约束，但还不足以支撑理论模型提出的作用机制。事实上，精准识别作用机制面临着数据上的挑战。这是因为，要考察产业集聚是否影响了银行的信贷决策,首先要有银行与企业的匹配数据,其次还要求数据能够反映银行评估企业每笔信贷申请的信息,例如对企业固定资产的估值和决定不予授信的原因等。这些都是极难获得的数据资料。不过,即便不能直接验证理论模型所刻画的作用机制,仍然可以从侧面加以识别论证。这是因为,根据理论模型的推论,如果理论模型成立,则产业集聚缓解融资约束的效果应当随企业所在产业的固定资产依赖程度而提高,也应当随产业内企业增长的差异性而增强。通过验证这两条推论,可以为理论模型提出的作用机制提供间接的依据。

为检验产业的固定资产依赖度对产业集聚缓解融资约束的效果的影响,可以首先根据各产业中企业固定资产占总资产之比,即所有企业的固定资产总和除以它们的总资产之和,将所有产业分成两组。其中,第一组是固定资产占比低于样本产业中位数的产业,第二组是高于中位数的产业。根据理论模型的推论,应当预测当产业集聚度提高同样的幅度时,对第二组中企业融资约束的缓解效果更大。

分子样本的估计结果如表6.2所示。其中,前两列对应于固定资产依赖度较低的产业子样本,后两列则对应于固定资产依赖度较高的产业子样本。同时,第(1)列和第(3)列使用了静态固定效应模型,第(2)列和第(4)列则使用了动态面板模型GMM估计。通过对比两份子样本中的核心系数β_4,可以发现无论使用静态模型还是动态模型,都有在固定资产依赖度较低的产业中产业集聚对主产业内企业的融资约束影响不显著、但在固定资产依赖度较高的产业中效果显著这一结论。这与理论模型的推论2是一致的,说明产业集聚缓解融资约束的效果与固定资产的需求密切相关。

表 6.2 不同固定资产依赖度产业间的比较

被解释变量：投资/期初资产	固定资产依赖度较低的产业		固定资产依赖度较高的产业	
	固定效应	动态 GMM	固定效应	动态 GMM
	（1）	（2）	（3）	（4）
现金流/期初资产（β_1）	0.383***	0.438***	0.433***	0.507***
	（0.009）	（0.015）	（0.010）	（0.016）
×产业集聚度（β_2）	-0.221***	-0.368***	-0.128*	-0.341***
	（0.075）	（0.121）	（0.073）	（0.120）
×处于最大产业（β_3）	0.026	-0.030	0.061**	0.100***
	（0.026）	（0.041）	（0.024）	（0.038）
×产业集聚度×处于最大产业（β_4）	-0.233	0.380	-0.675***	-0.993***
	（0.174）	（0.282）	（0.192）	（0.296）
上年的投资/期初资产（β_5）		-0.035***		-0.039***
		（0.004）		（0.004）
样本量	254 637	87 586	275 385	92 634
调整后的 R^2	0.214		0.186	
H0：残差差分无 AR（1）		-46.40		-50.84
H0：残差差分无 AR（2）		1.85		1.85
H0：无过度识别（p 值）		0.09		0.09

注：括弧内为标准误。***$p<0.01$，**$p<0.05$，*$p<0.1$。控制变量还包括产业集聚度、处于当地最大产业、产业集聚度×处于当地最大产业、常数项、企业固定效应、年份固定效应。动态面板 GMM 模型设定为水平 GMM 方程，并按默认方式选取滞后变量作为工具变量。残差差分序列相关检验中的统计量在 H0 下渐进服从标准正态分布；过度识别检验中的统计量在 H0 下服从卡方分布。

为检验产业集聚缓解融资约束的效果是否与产业内企业之间的增长表现差异度有关，可以类似地根据不同产业在企业增长差异度上的区别，将它们归入不同子样本，再进行对比估计。具体来说，本节考虑了两种企业增长差异度的衡量指标。第一种指标主要基于 Sharpe（1994）

以及Almeida和Campello（2007）[①]，以产业总产值与我国的国民生产总值之间的相关度，衡量产业内企业增长表现的系统性变化：

$$corr_j = corr(savlue_{jt}, GNP_t)， \qquad (6.13)$$

其中，$svalue_{jt}$是产业j在第t年的销售总产值，GNP_t是我国当年的国民生产总值。根据$corr_j$在产业间分布的中位数，可以将所有产业划分成强周期性产业（$corr_j$高于中位数）和弱周期性产业（$corr_j$低于中位数）两类。对处于强周期性产业中的企业而言，负向的宏观冲击相对容易同时波及产业内的多数企业，因此当单个企业出现折变固定资产的需求时，产业集群内的其他企业也可能产生类似的需求，这时它们就难以成为固定资产的最佳替代使用者，从而减弱了产业集聚在缓解融资约束方面的作用。

第二种衡量产业内企业增长差异度的指标是，直接计算各产业内企业增长率的变异系数，然后根据该变异系数在产业间分布的中位数，将产业分成低差异系数产业（变异系数小于中位数）和高差异系数产业（变异系数大于中位数）。显然，根据理论模型的推论3，在增长差异度较小的产业中，由于集群中的企业可能同时出现变现固定资产的需求，因此产业集聚缓解融资约束的效果将较弱。

表6.3展示了在两类增长差异度指标下，基于不同子样本估计的产业集聚缓解融资约束效果的对比结果。其中，核心系数β_4反映了产业集聚度对集群内企业融资约束的影响。具体来说，前四列采用产业总产值与国民生产总值的相关性指标进行了对比，发现产业集聚缓解融资约束的效果在强周期性产业中不显著。后四列则采用产业内企业间的增长率变异系数指标进行了对比，发现产业集聚缓解融资约束的效果在低差异

[①] Sharpe, S. Financial market imperfections, firm leverage, and the cyclicality of employment [J]. *American Economic Review*, 1994, 84 (4): 1060-1074. Almeida, H., Campello, M. Financial constraints, asset tangibility, and corporate investment [J]. *Review of Financial Studies*, 2007, 20 (5): 1429-1460.

表 6.3 不同企业增长差异度产业间的比较

被解释变量： 投资/期初资产	强周期性产业		弱周期性产业		低差异度产业		高差异度产业	
	固定效应 (1)	动态 GMM (2)	固定效应 (3)	动态 GMM (4)	固定效应 (5)	动态 GMM (6)	固定效应 (7)	动态 GMM (8)
现金流/期初资产 (β_1)	0.397***	0.439***	0.414***	0.467***	0.425***	0.481***	0.392***	0.453***
	(0.009)	(0.015)	(0.010)	(0.013)	(0.012)	(0.016)	(0.010)	(0.015)
×产业集聚度 (β_2)	0.032	0.017	−0.287***	−0.529***	−0.056	−0.031	−0.149**	−0.413***
	(0.077)	(0.121)	(0.073)	(0.146)	(0.096)	(0.129)	(0.075)	(0.112)
×处于最大产业 (β_3)	−0.072*	−0.054	0.085***	0.097***	−0.028	−0.050	0.068***	0.080**
	(0.039)	(0.059)	(0.021)	(0.027)	(0.039)	(0.048)	(0.023)	(0.034)
×产业集聚度× 处于最大产业 (β_4)	0.261	0.093	−0.550***	−1.020***	0.452	0.339	−0.609***	−0.509**
	(0.365)	(0.552)	(0.148)	(0.285)	(0.315)	(0.405)	(0.160)	(0.244)
上年的投资/期初资产 (β_5)		−0.041***		−0.034***		−0.041***		−0.035***
		(0.004)		(0.004)		(0.004)		(0.004)
样本量	260 961	90 205	263 414	88 112	235 276	90 041	294 746	90 179
调整后的 R^2	0.197		0.200		0.210		0.204	
H0：残差分无 AR (1)		−48.07		−48.52		−39.48		−44.87
H0：残差分无 AR (2)		1.09		1.80		−0.56		2.44
H0：无过度识别 (p 值)		0.13		0.12		0.45		0.09

注：括弧内为标准误。***$p<0.01$，**$p<0.05$，*$p<0.1$。控制变量还包括产业集聚度，处于当地最大产业，产业集聚度×处于当地最大产业，年份固定效应，企业固定效应。动态面板 GMM 模型设定为对 GMM 方程，并按默认方式选取滞后变量作为工具变量。残差分序列相关检验中的统计量在 H0 下渐近服从标准正态分布；过度识别检验中的统计量在 H0 下服从卡方分布。

度产业中不显著。以上结果说明,产业集群中企业在面临负向冲击时具有不同的反应以及企业间的增长表现存在一定的差异度,是产业集聚缓解企业融资约束的重要前提。这一实证检验结论与理论模型的推论3相一致。

第三节 产业集群推动企业创新与区域收敛的机制与效果

一、产业集群影响企业创新和区域增长的机制

基于历史经验的实证研究普遍发现,产业集聚有助于推动企业创新和经济发展。[①] 一般而言,产业集聚的上述作用与三种正外部性有关,即专业化的劳动力储备、专业经济和知识溢出。[②] 本节旨在基于以上研究发现,通过考察产业集聚缓解企业融资约束的效果提出产业集聚促进企业创新并提升其生产率的新渠道,进而验证通过以上效果,产业集聚能够促进地区间生产率的收敛。

为了验证产业集聚促进企业创新和生产率进步的过程中存在缓解融资约束的作用渠道,本节采用两种思路加以识别。第一种思路基于上节的理论模型,主要是通过检验在企业较易面临系统性冲击或对固定资产依赖度较小、从而产业集聚缓解融资约束的效果较弱的产业中[③],是否

[①] Porter, M. E. *Clusters and the New Economics of Competition* [M]. Boston: Harvard Business Review, 1998. Baptista, R., Swann, P. Do firms in clusters innovate more? [J]. *Research Policy*, 1998, 27 (5): 525-540. Swann, P., Prevezer, M. A comparison of the dynamics of industrial clustering in computing and biotechnology [J]. *Research Policy*, 1996, 25 (7): 1139-1157. 覃一冬. 空间集聚与中国省际经济增长的实证分析: 1991—2010年 [J]. 金融研究, 2013, 8 (1): 123-135.

[②] Krugman, P. R. *Geography and Trade* [M]. Cambridge, MA: MIT Press, 1993.

[③] Almeida, H., Campello, M. Financial constraints, asset tangibility, and corporate investment [J]. *Review of Financial Studies*, 2007, 20 (5): 1429-1460. Mao, R. Industry clustering and financial constraints: A reinterpretation based on fixed asset liquidation [J]. *Economic Development and Cultural Change*, 2016, 64 (4): 795-821. 茅锐. 产业集聚和企业的融资约束 [J]. 管理世界, 2015, 2 (1): 58-71.

存在产业集聚与企业研发活动和生产率进步速度之间的正相关性也较小的现象，从而说明缓解融资约束效果与创新及进步效果相关。第二种思路是通过构建企业层面的融资约束指标[①]，在控制企业融资约束水平的前后，利用路径分析工具，考察产业集聚对企业创新及生产率进步影响的差异。通过这一路径分析，中介效应的检验结果表明，缓解融资约束这一渠道能够解释产业集聚推动企业创新效果中的 50%—69%，也能够解释产业集聚推动企业生产率进步效果中的 64%—72%。

为检验产业集聚是否能在促进企业创新和生产率进步的基础上，进一步推动地区层面的生产率进步，实现地区之间的生产率收敛，本节还考虑了 Rodrik（2012）的经济收敛模型[②]。在其基础上，本节通过引入产业集聚与初始地区生产率水平两者间的交互项，可以揭示产业集聚对经济收敛表现的影响。实证结果显示，当地区集群中每增加 100 家企业时，地区劳动生产率和全要素生产率向其前沿水平进行 β 收敛的速度将加快约 39%。这一结果搭建了企业层面生产率进步与地区层面经济增长之间的联系，为上文发现的地区生产率 β 收敛表现与产业结构有关的现象提供了产业集聚视角下的解释，也说明了为何地区经济增长在地域间存在持续的差异[③]，支持了产业政策在地区发展中十分重要的观点。

相比于现有关于产业集聚与创新和生产率进步的有关文献，本节的主要不同之处在于强调了产业集聚缓解融资约束这一作用渠道。现有文献普遍认为，产业集聚之所以能推动企业创新与生产率进步，主要得益

[①] 该指标的构建方法参照：Hovakimian, G. Determinants of investment cash flow sensitivity [J]. *Financial Management*, 2009, 38 (1): 161-183.

[②] Rodrik, D. Unconditional convergence in manufacturing [J]. *Quarterly Journal of Economics*, 2012, 128 (1): 165-204.

[③] 戴觅，茅锐. 产业异质性、产业结构与中国省际经济收敛 [J]. 管理世界，2015, 6 (1): 34-46.

于实验室和高等院校等技术资源支持[①]、人力资本积累[②]、竞争激励机制[③]和知识溢出效应[④]等。尽管这些因素不容忽视,但根据我国的现实背景,限制企业创新和生产率增长的主要原因是金融部门的发展比实体部门相对滞后,由此给企业造成了外部融资约束。[⑤] 因此,在不否认以上其他因素的前提下,额外探究缓解融资约束这一渠道在解释产业集聚促进企业创新和生产率进步效果中的作用,具有十分重要的意义。

二、产业集群影响企业创新和区域增长的理论分析框架

通过对上节理论模型的发展,可以借助下述简单的理论模型框架,考察产业集群对企业创新和区域增长的影响。具体来说,不妨假设研发所需的投资金额为 X,这部分资金的来源既可以是企业的自有资金,也可以通过银行信贷获取。与上文一致,假设企业自有的现金规模和银行信贷金额分别是 C 和 B,并以 R 表示银行贷款利率,则应当有 $C+B \geqslant X$,才能保障企业从事研发。与此同时,企业需要为银行贷款支付 $R \times B$ 的利息。研发项目的结果是不确定的。如果研发成功,则企业能够获得利润,记为 Y;为简单起见,假设利润足够偿还企业的利息支出。如果研发失败,则企业无法获得任何利润,银行贷款也就不能获得回报。但研发项目的真实结果是企业的私有信息,或即便银行能够观察到结果,也无法向法院证实。这意味着企业与银行间存

---

① Jaffe, A. B. Real effects of academic research [J]. *American Economic Review*, 1989, 79 (5): 957–970.

② Romer, P. M. Endogenous technological change [J]. *Journal of Political Economy*, 1990, 98 (5, Part 2): S71–S102.

③ Porter, M. E. *Clusters and the New Economics of Competition* [M]. Boston: Harvard Business Review, 1998.

④ Arrow, K. J. The economic implications of learning by doing [J]. *Review of Economic Studies*, 1962, 29 (3): 155–173.

⑤ 黎欢, 龚六堂. 金融发展, 创新研发与经济增长 [J]. 世界经济文汇, 2014, 2 (1): 1–16.

在信息不对称问题，从而为了避免偿还债务，企业将总是声称研发项目失败。

这一高度简化的理论框架能够解释企业面临融资约束的根源。事实上，由于存在信息不对称问题，银行在做出信贷决策前，将首先要求企业抵押相应的固定资产，这样一旦企业声称研发失败，银行就可以拍卖抵押物回收信贷成本。显然，在提供抵押物后，企业就不会在研发成功时谎报项目失败。为全面规避信贷风险，银行将把贷款金额限制在抵押物拍卖的市值范围内。抵押物的市值则与其数量和单价有关。产业集聚之所以能够影响抵押物的市值，主要是通过影响其单价这一渠道。为此，简单起见，不妨假设企业只有 1 单位固定资产，从而资产的市值完全取决于单价。

产业集聚将通过增加企业抵押物的最佳替代使用者的数量，从而提高固定资产在被迫拍卖时的市场单价，来提升银行对抵押物的价值评估，进而放松企业面临的融资约束程度。具体地考虑第一价格密封拍卖，并考虑该拍卖的对称均衡解。产业集群中的其他企业是企业固定资产的最佳替代使用者。但由于可能存在系统性风险，其中的一些企业可能同时面临项目失败风险，因而无法参与拍卖。① 不妨将潜在竞标企业的数量记为 n，将这些潜在竞标者遭遇系统性风险的概率记为 ϕ，则最终实际能够参加拍卖的企业数量就是 $n(1-\phi)$。竞标企业对有待变现的固定资产进行私有价值拍卖。具体来说，假设企业 i 对固定资产的估价是 s_i，其竞价策略是估价的函数，记之为 $b_i = b(s_i)$。假设估价 s_i 是定义在 $[0, v]$ 上的均匀分布，并且在企业间服从独立同分布。因此，企业 i 的期望利润最大化问题就是：

---

① 当整个产业都不景气乃至形成过剩产能时，同产业企业可能相互杀价以求生存，即使幸存企业也可能面临低设备利用率的困境，以至于不会接手失败企业的抵押资产，这无疑将使最终竞标的企业数量减少。为简单起见，我们在后文中假设竞标企业的数量与企业遭遇系统性冲击的概率负相关，以反映现实中同产业企业同时亏损或相互杀价的情况。

$$b_i: \max\ (s_i - b_i)\ F^{n(1-\phi)}\ (b^{-1}\ (b_i)), \qquad (6.14)$$

其中，$F(\cdot)$ 是企业估价的累积分布函数。根据以上问题的一阶条件和 $b(0)=0$ 这一边界条件，可以获得下述企业竞标策略的均衡值：

$$b(s) = s - \int_0^s F^{n(1-\phi)}(s)\ ds / (F^{n(1-\phi)}(s)\ ds)$$
$$= n(1-\phi)s / (n(1-\phi)+1). \qquad (6.15)$$

抵押资产的拍卖单价取决于所有参与拍卖的竞标企业的平均竞价。假设 $\bar{s}$ 是竞标企业对抵押资产估价的平均值，那么根据（6.15）式，抵押资产的单价就是：

$$Q = b(\bar{s}) = n(1-\phi)\bar{s} / (n(1-\phi)+1). \qquad (6.16)$$

（6.16）式揭示了产业集聚程度对抵押资产单价的影响。通过增加最佳替代使用者的数量，产业集聚将提高企业抵押资产的单价。同时，（6.16）式还表明，抵押资产的单价随着竞标企业的平均估价 $\bar{s}$ 而上升，随着集群中潜在竞标企业遭遇系统性研发失败风险的概率 ϕ 而下降。

由于为了完全规避企业违约风险，银行将把企业的贷款规模限制在其抵押资产的拍卖市值内，因此信贷受限于：

$$B \leq n(1-\phi)\bar{s} / (R(n(1-\phi)+1)) = \bar{B} \qquad (6.17)$$

对企业而言，除去其自有的 C 单位现金流，为进行研发项目还需 $X-C$ 单位银行信贷。不妨令现金流 C 在企业间的累积分布函数是 $D(\cdot)$。这意味着企业将会有 $D(X-\bar{B})$ 的概率触及信贷约束的上限，出现贷款额度不足以开展研发项目的情况。显然，当银行给予企业的贷款金额上限 $\bar{B}$ 越大时，企业就越不可能面临融资约束。这时企业从事研发活动的概率也就越大。因此，根据理论模型可以推知以下假说：

H1：产业集聚能够通过增加抵押资产最佳潜在使用者的数量来缓解企业面临的来自银行的融资约束。该效果与集群中企业面临系统性研发失败风险的概率负相关，与接手企业对固定资产的平均估价水平正相关。

H2：产业集聚能够通过放松企业面临的融资约束来提高企业从事研发活动的概率。这一效果与产业集聚融资约束的效果正相关。

在上面的简单模型中，每家企业只有一项投资项目。但如果假设每个企业面临多个研发项目，那么产业集聚就不仅提高了企业研发的概率，还增加了其研发支出，从而企业能获得更多的新产品销售收入。事实上，由于工业企业数据库中企业的研发信息严重缺失，有关实证研究往往把新产品销售作为研发活动的代理变量。[①]

内生增长理论和知识溢出模型都指出，创新是技术进步的重要来源。因此，产业集聚还将提高企业的生产率增速，即有以下假说：

H3：产业集聚有助于提高企业的研发支出、新产品销售和生产率增速，其效果也与产业集聚融资约束的效果正相关。

在地区层面上，企业更快的技术进步意味着地区整体的经济增长也更快。根据新古典的 β 收敛理论，这说明地区的生产率将更快地向前沿水平收敛。这可以被归纳为以下假说：

H4：产业集聚能够提高集群所在地区整体生产率的 β 收敛速度。

在以上四个假说中，H1 已经在上节得到经验支持，但本节理论模型中对产业集聚的刻画指标与上节不同，故可以对 H1 进行简单的重新检验，除此之外，本节将主要将针对后三个假说进行实证检验。

三、产业集群影响企业创新和区域增长的经验证据

本节首先采用投资-现金流敏感度指标衡量企业的融资约束，检验产业集聚在缓解企业融资约束方面的效果。根据理论模型，产业集聚的衡量指标是当地同产业的企业数量。考虑到银行一般将贷款审批权下放

[①] 施炳展，逯建，王有鑫. 补贴对中国企业出口模式的影响：数量还是价格？[J]. 经济学（季刊），2013, 3（1）：1413-1442.

到县,因此本节将地区确定在县级层面。鉴于篇幅限制,后文将全部采用3位数产业划分标准,但在其他标准下实证结论也成立。根据H1,产业集聚能减小投资-现金流敏感度。因此,可以考虑以下模型:

$$I_{ft} = (\beta_1 + \beta_2 \times n_{ict} + \beta_3 \times N_{ct}) \times CF_{ft} + \gamma_1 \times n_{ict} + \gamma_2 \times N_{ct} \\ + \gamma \times Z + C + \eta_{ct} + v_{it} + \mu_f + \varepsilon_{ft}, \tag{6.18}$$

其中,I_{ft} 和 CF_{ft} 分别代表企业 f 在第 t 年的投资额和自有现金流。根据 Guariglia 等(2011),企业的投资是固定资产年末账面值相对于上年的变化再加上当年折旧,其现金流是营业利润加上当年折旧。① 两者都通过除以企业当年的总资产额加以标准化处理。N_{ct} 是企业 f 所在县 c 当年的总企业数,n_{ict} 是企业 f 所在产业 i 在当地的企业数,两者均被除以 100 进行规则化处理。向量 Z 包括企业的一组特征变量,涉及企业的所有制、经营年限、规模、出口额、全要素生产率 TFP 和杠杆比率。② 考虑到县级层面上的人均 GDP、金融发展度和储蓄率等指标较难获得,本节控制了县-年份层面的固定效应 η_{ct} 作为代理变量。最后,如一般设定,我们还控制了常数项 C、产业-年份层面固定效应 v_{it} 和企业层面固定效应 μ_f。由于计算 Tobin's Q 需要企业财务信息,v_{it} 还可以作为难以观测的产业投资机会的代理变量。ε_{ft} 是残差项。在(6.18)式的基础上,本节还根据 Guariglia 等(2011),通过加入投资的滞后项,利用 GMM 模型进行动态模型估计。按照 H1 的推论,β_2 应显著为负。对于系数 β_3,考虑到集群外的其他企业可能稀释当地的金融资源,故该系数可能显著为正。

H1 还推测,产业集聚缓解企业融资约束的效果应当在遭遇系统性

---

① Guariglia, A., Liu, X., Song, L. Internal finance and growth: Microeconometric evidence on Chinese firms [J]. *Journal of Development Economics*, 2011, 96 (1): 79-94.

② 根据 Guariglia 等(2011),所有制由资本金比例定义。在回归分析中,可以将国有企业作为基准组,控制集体企业、私营企业和外资企业三个虚拟变量。其余变量的定义同:盛丹,王永进.产业集聚、信贷资源配置效率与企业的融资成本——来自世界银行调查数据和中国工业企业数据的证据 [J]. 管理世界, 2013, 6 (1): 85-98.

冲击的概率相对较低和对固定资产的平均依赖度相对较高的产业中更强。该推测能够支撑产业集聚缓解企业融资约束的渠道在于提高企业抵押资产的市场价值这一假说。为此，在对（6.18）式进行回归时，有必要区分不同产业在遭遇系统性冲击和对固定资产依赖度上的区别。与上节一致，集群内企业遭遇系统性冲击的概率可以由两个指标衡量，分别是产业维度上产业总销售额与我国国民生产总值之间的时间序列相关性，记为 corr；以及产业-年份维度上产业内所有企业间销售额年增速的变异度，记为 covar。根据 H1，当 corr 越大或 covar 越小，即产业内的企业越容易遭遇系统性冲击时，产业集聚缓解融资约束的效果越小。① 固定资产依赖度则可以由产业-年份维度上所有企业固定资产在总资产中的平均占比衡量，记为 kshare 衡量。根据 H1，当 kshare 越小，即产业对固定资产的平均依赖度越低时，产业集聚缓解融资约束的效果也越弱。上述对比分析可以在估计（6.18）式时，依次用 corr、covar 和 kshare 在样本中的中位数为界，将所有产业划分为两个子样本分别估计，对比回归结果加以实现。

表 6.4 展示了全部样本和分子样本估计的结果。其中，前六列是利用全样本在固定效应模型和 GMM 模型下对（6.18）式的估计结果。为了考察控制变量多寡对结果稳健性的影响，在每种模型下，都先单独控制 n 及其与现金流的交叉项或单独控制 N 及其与现金流的交叉项进行回归，最后才同时控制 n 和 N 及其与现金流的交叉项做回归。无论如何调整控制变量，结果表明核心系数 β_2 都显著为负，说明产业集聚缓解了企业的融资约束，这与 H1 的推断一致。与此同时，系数 β_3 则始终为正，

---

① Almeida, H., Campello, M. Financial constraints, asset tangibility, and corporate investment [J]. *Review of Financial Studies*, 2007, 20 (5): 1429-1460. Mao, R. Industry clustering and financial constraints: A reinterpretation based on fixed asset liquidation [J]. *Economic Development and Cultural Change*, 2016, 64 (4): 795-821. 茅锐. 产业集聚和企业的融资约束 [J]. 管理世界, 2015, 2 (1): 58-71.

表 6.4 产业集聚缓解融资约束

因变量: I	固定效应				GMM		corr		covar		kshare	
							低	高	大	小	大	小
	(1)	(2)	(3)	(4)	(5)	(6)	(7)	(8)	(9)	(10)	(11)	(12)
CF	0.013***	0.011***	0.021**	0.010***	0.015**	0.007*	0.019***	0.024**	0.028***	0.019**	0.017**	0.025**
	(0.005)	(0.001)	(0.010)	(0.004)	(0.007)	(0.004)	(0.007)	(0.011)	(0.015)	(0.008)	(0.007)	(0.012)
CF×n (β₂)	−0.019***		−0.028***	−0.021***		−0.034***	−0.031***	−0.020**	−0.035***	−0.024***	−0.034***	−0.018**
	(0.004)		(0.003)	(0.005)		(0.009)	(0.005)	(0.010)	(0.008)	(0.009)	(0.003)	(0.009)
n	0.004**		0.005*	0.003***		0.004*	0.007*	0.005	−0.019	0.006*	0.006*	0.003
	(0.001)		(0.003)	(0.000)		(0.002)	(0.003)	(0.003)	(0.027)	(0.003)	(0.003)	(0.004)
CF×N (β₃)		0.001	0.003*		0.001*	0.003***	0.001*	0.003***	0.003*	0.004	0.007	0.004
		(0.001)	(0.002)		(0.001)	(0.001)	(0.001)	(0.001)	(0.001)	(0.002)	(0.008)	(0.005)
N		0.007*	0.009		0.002*	0.001***	0.015	0.008**	0.012**	0.009	0.011*	0.008
		(0.005)	(0.010)		(0.001)	(0.000)	(0.020)	(0.004)	(0.006)	(0.013)	(0.006)	(0.017)
I 滞后项				−0.149***	−0.133***	−0.101***						
				(0.003)	(0.002)	(0.001)						
样本量	1 001 938	1 001 938	1 001 938	477 108	477 108	477 108	437 988	440 152	456 008	545 930	504 979	496 959
调整后的 R²	0.706	0.731	0.793				0.823	0.779	0.812	0.803	0.790	0.814
m1				−228.31	−259.49	−311.09						
m2				−0.28	−0.51	−0.45						
J (p 值)				0.18	0.47	0.29						

注: ***p<0.01, **p<0.05, *p<0.1。标准误差在县-产业层面上聚类。GMM 模型使用水平设定,并选择默认滞后变量作为工具变量。m1 和 m2 分别是残差分序列无一阶和二阶自相关性的检验统计量, 在原假设下服从标准正态分布。J 是无过度识别的检验统计量, 表中汇报 p 值。还控制了企业所有制、经营年限、规模、出口额、TFP 和杠杆比率, 以及县-年份、产业-年份和企业固定效应与常数项。

这为可能存在金融资源的稀释效应提供了证据。在按照 GMM 设定的动态模型中，投资额 I 滞后项所对应的系数始终显著为负，说明企业的投资决策是收敛的。同时，残差的差分序列不存在二阶自相关性，说明矩条件成立模型也没有面临过度识别问题。

在产业集聚缓解融资约束的证据基础上，本节继而对产业集聚与企业创新活动之间的关系进行考察。创新可以从投入和产出两方面加以衡量。在投入方面，可以利用是否存在研发支出这一虚拟变量（R&D dummy）和由研发支出占销售额之比定义的支出强度（R&D intensity）衡量创新活动投入。① 不过关于这两个指标，需要说明两点。第一，由于在工业企业数据库中超过 80% 的企业在研发支出方面的记录为 0，因此基于研发的指标可能受统计误差的影响。文献中对此问题的一般检验方法是，利用研发支出为正的子样本单独回归。本节在估计研发方程时也类似地做了检验，发现即使利用研发为正的子样本，主要结论依然成立。第二点需要说明的情况是，研发数据覆盖时间较短，自 2001 年后才有记录。考虑到以上两方面的局限，可以根据文献中的普遍做法，以新产品虚拟变量（new product dummy）和新产品销售强度（new product intensity）在产出的维度上对企业的创新活动进行刻画。

图 6.2 是对样本中产业集聚与企业创新之间关系的直观描述。具体来说，可以首先根据产业集聚度在样本中的分布，将所有企业划分成 10 组。组别编号越大，就代表企业所在的产业在当地具有越高的集聚度。继而针对每组中的所有企业，依次计算 R&D dummy、R&D intensity、new product dummy 和 new product intensity 四个指标的均值。图 6.2 显示，无论在何种指标下，产业集聚度都与企业的创新活动正相关。

---

① 聂辉华，江艇，杨汝岱. 中国工业企业数据库的使用现状和潜在问题 [J]. 世界经济，2012, 5 (1): 142-158.

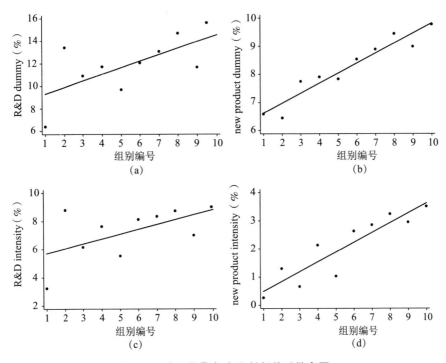

图 6.2 产业集聚与企业创新关系散点图

当然，要严谨地考察图 6.2 所示正相关性的统计含义，还需要利用计量模型进行检验。计量模型的具体形式参照 Benfratello 等（2008）①，设定如下：

$$IN_{ft}=\beta_1\times n_{ict}+\beta_2\times N_{ct}+\gamma_1\times\ln l_{ft}+\gamma_2\times\ln k_{ft}+\gamma_3\times age_{ft}+C+\eta_{ct}+v_{it}+\mu_f+\varepsilon_{ft},$$

(6.19)

其中，IN_{ft} 是企业的研发活动，分别由以上四个创新指标衡量。$\ln l_{ft}$ 和 $\ln k_{ft}$ 分别是企业的就业人数和资本规模，两者均取对数处理。age_{ft} 是企业的运营年数。（6.19）式中的其他变量同（6.18）式。考虑到固定效应的引入可能带来内生性问题，因此在使用虚拟变量作为因变量时，对（6.19）式将使用包含固定效应的面板 Logit 模型估计；在使用强度作为

---

① Benfratello, L., Schiantarelli F., Sembenelli, A. Banks and innovation: Microeconometric evidence on Italian firms [J]. Journal of Financial Economics, 2008, 90 (2): 197–217.

因变量时,对(6.19)式将采用包含固定效应的受限回归模型估计。H2 和 H3 指出,系数 β_1 应当为正,并且其取值应在 corr 较低与 covar 和 kshare 较高的子样本中较大。

回归结果如表 6.5 所示。其中,第(1)列是全样本回归结果。该结果显示系数 β_1 始终显著为正,这与 H2 和 H3 一致,为产业集聚能够促进企业创新提供了依据。在后六列对比了对不同 corr、covar 和 kshare 子样本的回归结果。如表所示,在 corr 较低及 covar 和 kshare 较高的子样本中,系数 β_1 的取值更大。这说明产业集聚促进创新的效果与缓解融资约束的效果正相关,从而为缓解融资约束是产业集聚促进创新的渠道提供了依据。表 6.5 还发现,在控制集群企业的数量后,集群外企业越多,企业的创新活动越低,即系数 β_2 为负,这同样支持了资源争夺可能存在。

表 6.5 产业集聚可以促进企业创新

	全部	corr		covar		kshare	
		低	高	大	小	大	小
	(1)	(2)	(3)	(4)	(5)	(6)	(7)
因变量:R&D dummy							
n(β_1)	0.001***	0.002***	0.001**	0.002***	-0.001	0.001***	-0.001*
	(0.000)	(0.000)	(0.000)	(0.000)	(0.000)	(0.000)	(0.000)
N(β_2)	-0.000**	-0.000**	-0.000	-0.000*	0.000	-0.000**	-0.000*
	(0.000)	(0.000)	(0.000)	(0.000)	(0.000)	(0.000)	(0.000)
样本量	648 995	299 453	322 967	269 466	379 529	315 997	332 998
调整后的 R^2	0.539	0.514	0.508	0.596	0.533	0.520	0.543
因变量:R&D intensity							
n(β_1)	0.001***	0.003***	0.001**	0.003***	-0.002**	0.002***	-0.001**
	(0.000)	(0.000)	(0.000)	(0.000)	(0.000)	(0.000)	(0.000)
N(β_2)	-0.000*	-0.000*	-0.000*	-0.000*	-0.000	-0.000*	-0.000*
	(0.000)	(0.000)	(0.000)	(0.000)	(0.000)	(0.000)	(0.000)

（续表）

		corr		covar		kshare	
	全部 （1）	低 （2）	高 （3）	大 （4）	小 （5）	大 （6）	小 （7）
样本量	640 553	294 935	319 113	265 390	375 163	313 083	327 470
调整后的 R^2	0.502	0.558	0.497	0.511	0.463	0.515	0.440
因变量：new product dummy							
n（β_1）	0.002***	0.003***	0.001***	0.003***	0.001***	0.002***	0.001**
	(0.000)	(0.000)	(0.000)	(0.000)	(0.000)	(0.000)	(0.000)
N（β_2）	-0.000**	-0.000	-0.000**	-0.000**	0.000	-0.000***	-0.000
	(0.000)	(0.000)	(0.000)	(0.000)	(0.000)	(0.000)	(0.000)
样本量	1 016 083	485 630	492 644	406 161	609 922	511 053	505 030
调整后的 R^2	0.578	0.633	0.559	0.580	0.574	0.599	0.531
因变量：new product intensity							
n（β_1）	0.003***	0.004***	0.001**	0.004***	0.002***	0.003***	0.001*
	(0.000)	(0.000)	(0.000)	(0.000)	(0.000)	(0.000)	(0.000)
N（β_2）	-0.000*	-0.000*	-0.000*	-0.000	-0.000*	-0.000**	-0.000
	(0.000)	(0.000)	(0.000)	(0.000)	(0.000)	(0.000)	(0.000)
样本量	977 429	449 614	527 815	398 194	579 235	492 741	484 688
调整后的 R^2	0.549	0.563	0.530	0.527	0.553	0.590	0.511

注：***$p<0.01$，**$p<0.05$，*$p<0.1$。标准误在县－产业层面上聚类。还控制了企业就业和资本规模的对数值、经营年限，以及县－年份、产业－年份和企业固定效应与常数项。

为了进一步考察产业集聚如何影响企业的生产率增长，可以将劳均增加值（即劳动生产率）和OP法估算的全要素生产率（TFP）作为企业生产率的衡量指标，并采用如下形式的计量模型估计：

$$\Delta P_{ft} = \beta_1 \times P_{ft-1} + \beta_2 \times n_{ict} + \beta_3 \times N_{ct} + C + \eta_{ct} + v_{it} + \mu_f + \varepsilon_{ft}, \quad (6.20)$$

其中，P 表示生产率，ΔP_{ft} 表示企业 f 生产率的变化量。通过控制上年

的生产率 P_{ft-1}，上式实际上还考察了生产率在企业间的收敛性质。根据 H3，可以预期系数 β_2 将显著为正，表明产业集聚加速了企业的生产率进步。同时，如果缓解融资约束是产业集聚推动生产率进步的作用渠道，那么应当看到推动生产率进步的效果与缓解融资约束的效果正相关。

对（6.20）式的估计结果如表 6.6 所示。其中，第（1）列是全样本回归结果。该结果显示，生产率的增长量与生产率的滞后水平之间显著负相关，为生产率进步在企业间收敛提供了证据。同时，系数 β_2 显著为正，表明产业集聚的确加快了企业的生产率进步，为 H3 提供了依据。在后六列中，对（6.20）式进行了分子样本的回归结果对比。结果显示，系数 β_2 在 corr 较低与 covar 和 kshare 较高的子样本中取值更大，说明产业集聚加快生产率进步的效果与缓解融资约束的效果正相关。与前面的结果不同，系数 β_3 在本表中的符号并不一致，且显著性不高，说明其他产业中的企业稀释当地金融资源的效果不明显。

表 6.6 产业集聚加快企业生产进步

	全部	corr		covar		kshare	
		低	高	大	小	大	小
	（1）	（2）	（3）	（4）	（5）	（6）	（7）
因变量：Δ 劳动生产率							
劳动生产率滞后项	-0.450***	-0.441***	-0.458***	-0.463***	-0.438***	-0.412***	-0.494***
	(0.005)	(0.006)	(0.005)	(0.007)	(0.004)	(0.004)	(0.008)
n（β_2）	0.010***	0.013***	0.004***	0.015***	0.008**	0.012***	0.005**
	(0.002)	(0.002)	(0.002)	(0.003)	(0.003)	(0.003)	(0.002)
N（β_3）	-0.000*	0.000*	-0.000**	-0.000*	-0.000	-0.000	-0.000**
	(0.000)	(0.000)	(0.000)	(0.000)	(0.000)	(0.000)	(0.000)
样本量	714 653	345 921	341 439	293 167	421 486	360 091	354 562
调整后的 R^2	0.602	0.619	0.630	0.653	0.629	0.619	0.638

（续表）

	全部 (1)	corr		covar		kshare	
		低 (2)	高 (3)	大 (4)	小 (5)	大 (6)	小 (7)
因变量：ΔTFP							
TFP 滞后项	-0.677***	-0.660***	-0.703***	-0.648***	-0.783***	-0.697***	-0.665***
	(0.007)	(0.004)	(0.006)	(0.005)	(0.010)	(0.006)	(0.007)
n (β_2)	0.017***	0.020***	0.009**	0.023***	0.008***	0.0021***	0.011**
	(0.002)	(0.003)	(0.004)	(0.003)	(0.001)	(0.004)	(0.005)
N (β_3)	-0.000	0.000	-0.000*	-0.000	-0.000	-0.000*	-0.000
	(0.000)	(0.000)	(0.000)	(0.000)	(0.000)	(0.000)	(0.000)
样本量	648 806	307 752	314 330	269 358	379 448	307 831	340 975
调整后的 R^2	0.719	0.722	0.713	0.711	0.694	0.728	0.717

注：***$p<0.01$，**$p<0.05$，*$p<0.1$。标准误在县-产业层面上聚类。还控制了县-年份、产业-年份和企业固定效应与常数项。

然而，在上面的回归检验中，均主要讨论了产业集聚促进创新或推动生产率进步的效果与其缓解融资约束的效果正相关，以此来间接地论证缓解融资约束是产业集聚对企业创新和生产率进步产生影响的作用机制。但实际上，可以通过构建并引进企业层面的融资约束指标，对作用渠道进行直接检验。企业层面融资约束的度量同样基于投资-现金流敏感度这一思路。① 具体来说，可以首先对每个企业计算出 $t-1$、t 和 $t+1$ 期内的加权平均投资额，在加权过程中以各年现金流占三年现金流总和之比作为权重。其次，同样针对这三年，计算不经加权的投资额的简单算术均值。根据投资-现金流敏感度的思路，可以将加权均值与算术均值之差定义为企业第 t 年面临的融资约束。显然，如果融资约束程度越高，即投资与现金流的相关性越强，那么该差值也就越大。不过，为了

---

① Hovakimian, G. Determinants of investment cash flow sensitivity [J]. Financial Management, 2009, 38 (1): 161-183.

消除企业规模对均值计算的影响,在实际计算指标时,需要将投资与现金流都除以企业的总资产以进行标准化处理。以下分析中将用 $fincsnt_{ft}$ 表示企业层面的融资约束。

为了检验在产业集聚推动创新和生产率进步中,缓解融资约束这一中介渠道起到的作用,可以采取两步法进行检验。首先估计:

$$fincsnt_{ft} = \alpha_0 + \alpha_1 \times n_{ict} + e_{ft}. \qquad (6.21)$$

在(6.21)式中,系数 α_1 反映了产业集聚对企业融资约束的直接影响。其次,在(6.19)式的基础上引入企业层面的融资约束指标,进行重新估计:

$$IN_{ft} = \eta_1 \times fincsnt_{ft} + \beta_1 \times n_{ict} + \beta_2 \times N_{ct} + \gamma_1 \times \ln l_{ft} + \gamma_2 \times \ln k_{ft} + \gamma_3 \times age_{ft}$$
$$+ C + \eta_{ct} + v_{it} + \mu_f + \varepsilon_{ft}. \qquad (6.22)$$

在(6.22)式中,系数 β_1 捕捉了产业集聚 n_{ict} 直接影响企业创新 IN_{ft} 的效果,系数 η_1 体现了融资约束程度 $fincsnt_{ft}$ 影响企业创新 IN_{ft} 的效果。因此,$\alpha_1 \times \eta_1$ 就是产业集聚通过缓解融资约束这一中介渠道间接影响企业创新 IN_{ft} 的效果,其显著性可以利用 Sobel 统计量进行检验。同时,通过计算 $\alpha_1 \times \eta_1 / (\beta_1 + \alpha_1 \times \eta_1)$,可以定量评估在产业集聚推动企业创新的效果中,缓解融资约束这一渠道所解释的部分。

路径分析的回归结果如表 6.7 所示。尽管由于因变量不同导致样本数量有所变化,但在各列结果中,系数 α_1 始终为负,这说明产业集聚缓解了企业的融资约束,这与上文的实证结果及 H1 都保持一致,也从侧面反映了企业融资约束指标的合理性。系数 β_1 显著为正,这表明产业集聚即便不改变企业的融资约束,也有利于企业创新,这与文献中关于集聚的其他正外部性有关。系数 η_1 显著为负,这说明融资约束程度越高,企业创新活动越弱。但由于集聚缓解了融资约束,因此这意味着通过融资约束渠道,产业集聚能够进一步促进创新。根据 Sobel 统计量,$\alpha_1 \times \eta_1$ 所示的正向效果是显著的。进一步地,计算 $\alpha_1 \times \eta_1 / (\beta_1 + \alpha_1 \times \eta_1)$

可以发现，缓解企业融资约束的渠道解释了产业集聚促进企业创新总效果的 50%—69%。

表 6.7　对产业集聚与企业创新关系中融资约束中介渠道的路径分析

最终因变量（IN）	R&D dummy	R&D intensity	new product dummy	new product intensity
直接路径				
$p(n, IN) = \beta_1$	0.002**	0.004*	0.007**	0.009*
	(0.003)	(0.002)	(0.003)	(0.005)
间接路径				
$p(n, fincsnt) = \alpha_1$	−0.009***	−0.010***	−0.023***	−0.024***
	(0.000)	(0.000)	(0.000)	(0.000)
$p(fincsnt, IN) = \eta_1$	−0.450***	−0.935***	−0.315***	−0.366***
	(0.090)	(0.037)	(0.080)	(0.095)
总间接效应（$\alpha_1 \times \eta_1$）	0.004***	0.009***	0.007***	0.009***
	(0.001)	(0.000)	(0.000)	(0.001)
样本量	300 007	300 101	370 075	373 105

注：该表中的路径分析结果通过依次估计以下两式获得：

$$fincsnt_{ft} = \alpha_0 + \alpha_1 \times n_{ict} + e_{ft},$$

$$IN_{ft} = \eta_1 \times fincsnt_{ft} + \beta_1 \times n_{ict} + 其他控制变量 + \varepsilon_{ft}。$$

其中，IN_{ft} 依次是 R&D dummy、R&D intensity、new product dummy 和 new product intensity 四个表征企业创新活动的最终因变量，其他控制变量包括企业所在县的企业总数、企业就业和资本规模的对数值、企业经营年限以及县-年份、产业-年份和企业固定效应与常数项。$p(x_1, x_2)$ 表示从 x_1 到 x_2 的路径系数。其中，路径系数 β_1 表示产业集聚对最终因变量 IN 产生的直接效应，路径系数 $\alpha_1 \times \eta_1$ 表示产业集聚经由缓解融资约束的中介渠道对最终因变量 IN 产生的间接效应。间接效应的显著性由 Sobel 检验统计量估计。

在企业生产率进步的方程中,也可以类似地进行中介效应检验。具体来说,仍然首先估计(6.21)式,再估计

$$\Delta P_{ft} = \eta_1 \times fincsnt_{ft} + \beta_1 \times P_{ft-1} + \beta_2 \times n_{ict} + \beta_3 \times N_{ct} + C + \eta_{ct} + v_{it} + \mu_f + \varepsilon_{ft}.$$

(6.23)

在(6.23)式中,系数β_2反映了产业集聚n_{ict}直接影响企业生产率进步ΔP_{ft}的效果,系数$\alpha_1 \times \eta_1$反映了产业集聚n_{ict}通过缓解融资约束$fincsnt_{ft}$这一中介渠道间接影响企业生产率进步ΔP_{ft}的效果。该间接效果同样可以通过Sobel统计量检验显著性。在此基础上,可以类似地再计算中介渠道所解释的总效果份额。

对产业集聚推动生产率进步的中介效应的检验结果如表6.8所示。与表6.7类似的是,表6.8同样发现产业集聚缓解了企业的融资约束。系数β_2显著为正,这说明产业集聚即使不影响融资约束,也能直接推动企业生产率进步,同样说明文献中关于产业集聚能产生其他正外部性的效果存在。与此同时,Sobel统计量表明,产业集聚通过缓解融资约束这一中介渠道所产生的间接效应$\alpha_1 \times \eta_1$显著为正,支持了这一渠道在推动企业生产率进步中的重要作用。通过计算$\alpha_1 \times \eta_1 / (\beta_2 + \alpha_1 \times \eta_1)$可以发现,该渠道解释了产业集聚推动生产率进步的总效果的64%—72%。

表6.8 对产业集聚与生产率进步关系中融资约束中介渠道的路径分析

最终因变量(ΔP)	Δ 劳动生产率	Δ TFP
直接路径		
$p(n, \Delta P) = \beta_2$	0.009***	0.005***
	(0.002)	(0.001)
间接路径		
$p(n, fincsnt) = \alpha_1$	-0.025***	-0.021***
	(0.000)	(0.000)
$p(fincsnt, \Delta P) = \eta_1$	-0.639***	-0.596***
	(0.009)	(0.012)

（续表）

最终因变量（ΔP）	Δ 劳动生产率	Δ TFP
总间接效应（$\alpha_1 \times \eta_1$）	0.016***	0.013***
	（0.000）	（0.001）
样本量	502 377	450 741

注：该表中的路径分析结果通过依次估计以下两式获得：

$fincsnt_{ft} = \alpha_0 + \alpha_1 \times n_{ict} + e_{ft}$,

$\Delta P_{ft} = \eta_1 \times fincsnt_{ft} + \beta_2 \times n_{ict} +$ 其他控制变量 $+ \varepsilon_{ft}$。

其中，ΔP_{ft} 依次是 Δ 劳动生产率和 ΔTFP 两个表征企业生产率增速的最终因变量，其他控制变量包括企业的劳动生产率或 TFP 滞后项、企业所在县的企业总数以及县-年份、产业-年份和企业固定效应与常数项。$p(x_1, x_2)$ 表示从 x_1 到 x_2 的路径系数。其中，路径系数 β_2 表示产业集聚对最终因变量 ΔP 产生的直接效应，路径系数 $\alpha_1 \times \eta_1$ 表示产业集聚经由缓解融资约束的中介渠道对最终因变量 ΔP 产生的间接效应。间接效应的显著性由 Sobel 检验统计量估计。

最后，还需要验证在产业集聚推动企业生产率进步的同时，是否还能在地区层面上推动整体生产率更快地向技术前沿收敛。生产率指标仍分别选用劳动生产率和 TFP，但根据企业就业人数作为权重在地区层面上进行加总。令 $\hat{y}_{ic}$ 表示地区 c 中产业 i 的整体生产率的平均年增速，y_{ic} 代表初始的生产率水平，y_i^* 代表技术前沿水平。根据 β 收敛理论，$\hat{y}_{ic} = \beta(\ln y_i^* - \ln y_{ic})$，$\beta$ 应显著为正。根据 Rodrik（2012）[①]，可以考虑以下模型：

$$\hat{y}_{ic} = \beta_1 \times \ln y_{ic} + \beta_2 \times n_{ic} + \beta_3 \times \ln y_{ic} \times n_{ic} + \beta_4 \times N_c + \beta_5 \times \ln y_{ic} \times N_c + C + D_i + \varepsilon_{ic}, \quad (6.24)$$

其中，n_{ic} 代表初始企业数量，D_i 代表产业层面的固定效应，C 和 ε_{ic} 分别代表常数项和残差项。通过控制产业固定效应 D_i，可以反映不同产业

[①] Rodrik, D. Unconditional convergence in manufacturing [J]. *Quarterly Journal of Economics*, 2012, 128 (1): 165-204.

技术前沿水平 y_i^* 和其他产业层面的因素影响生产率增速的潜在效果，也可以反映不可观测的产业层面的物价变化。① 根据 β 收敛理论，预计 β_1 显著为负。如果 H4 成立，预计 β_3 也显著为负，即产业集聚加快了 β 收敛。不过，由于产业集聚能直接加速生产率进步，故系数 β_2 应为正。

表 6.9 展示了当以 1998 年作为初始年份，以 1998—2007 年作为考察期限，对县-产业层面的生产率进行 β 收敛检验的结果。其中，β_1 显著为负，这表明生产率 β 收敛的性质存在。系数 β_3 显著为负，印证了 H4，表明 β 收敛的速度随产业集聚度而提高。根据 β 收敛速度的定义，收敛速度 $\lambda = -\ln[1+(\beta_1+\beta_3 \times n + \beta_5 \times N)\Delta t]/\Delta t$，将表 6.9 所涉及的期限年份 $\Delta t = 9$ 代入，并且将不显著的 β_5 设为 0，则可以推知当产业集聚度为 $n=0$ 时，劳动生产率和 TFP 的收敛速度将为 2.8% 和 3.9%，而当产业集聚度为 $n=100$ 时，劳动生产率和 TFP 的收敛速度将为 3.9% 和 5.4%，两者增幅都在 39% 左右。在表 6.9 中，系数 β_2 显著为正，这说明给定初始生产率，集群中企业数量的增加将直接有助于提高生产率增速。最后，系数 β_4 尽管显著为负但其取值很小，并且 β_5 不显著，说明集群外企业数量的增加不利于地区整体生产率增长，但对 β 收敛性质的影响不大。

表 6.9　产业集聚促进 β 收敛

	劳动生产率	TFP
1998 年劳动生产率或 TFP 的对数值（β_1）	−0.025***	−0.033***
	(0.001)	(0.001)
n（β_2）	0.020***	0.022***
	(0.002)	(0.002)

---

① Rodrik, D. Unconditional convergence in manufacturing [J]. Quarterly Journal of Economics, 2012, 128 (1): 165-204. 戴觅，茅锐. 产业异质性、产业结构与中国省际经济收敛 [J]. 管理世界，2015, 6 (1): 34-46.

（续表）

	劳动生产率	TFP
$n\times$1998年劳动生产率或TFP的对数值（β_3）	−0.008***	−0.010**
	(0.001)	(0.004)
N（β_4）	−0.001*	−0.000*
	(0.000)	(0.000)
$N\times$1998年劳动生产率或TFP的对数值（β_5）	−0.000	0.000
	(0.000)	(0.000)
样本量	211 474	201 899
调整后的R^2	0.593	0.671

注：***$p<0.01$，**$p<0.05$，*$p<0.1$。还控制了产业固定效应和常数项。

综上，本节实证结论支持了理论模型的推论，说明产业集聚能够缓解企业的融资约束，继而提高企业从事创新活动的概率和强度，促进其生产率进步，最终加快地区间向技术前沿收敛的速度。

第七章

结语及启示

自 2010 年起至 21 世纪中叶,我国将经历迅速且规模庞大的人口老龄化。根据不同的预测结果,65 岁及以上人口的规模在 2050 年时将接近 4 亿,占总人口的比重将达到 23.2%—28.2%。现有文献指出,人口年龄结构将通过改变居民的消费与储蓄决策、劳动力供给数量、生产率水平等渠道,对经济和社会发展的诸多方面造成影响。然而,这些研究大多停留在宏观总量层面上,而对人口年龄结构变迁在不同产业间造成影响的差异并未给予足够的关注。当人口年龄结构变迁对产业规模和经济增长造成的影响具有异质性时,人口老龄化过程必将伴随产业结构转型。不同地区由于人口年龄结构差异,其所处的产业结构转型阶段也有所不同。鉴于不同产业的生产率在地区间的收敛性质存在差别,人口年龄结构差异导致的产业结构差异将最终影响地区间整体经济增长的收敛表现,改变地区间的发展不平衡程度。

本书从理论框架和实证分析层面对我国人口年龄结构变化对产业结构转型和区域增长收敛造成的影响进行了系统而细致的讨论。人口年龄结构影响产业结构主要通过需求面和供给面两条渠道产生作用,而这两条渠道之间又有交互影响。具体来说,在需求面上,不同年龄消费者在各部门产品间的偏好和支出结构存在差异,人口年龄结构变化通过改变不同消费者的相对规模,将影响各部门面临的相对需求,带来产业结构转型。在供给面上,由于不同年龄段的劳动力可以被视为异质性的投入要素，而各产业在异质性劳动力的构成上又可能不同，因此人口年龄结构变化可能通过造成不同类型劳动力间的相对工资变化，对不同产业形成异质性的供给面冲击，带来产业结构转型。与此同时，由于不同年龄段劳动力相对供给变化改变了其相对工资水平，进而影响了不同年龄消费者的相对购买力水平，因此人口年龄结构变化还将通过供给面作用于需求面对产业结构造成交叉影响。

在传统的产业结构转型理论中，结构转型的主要动力包括部门间的收入弹性差异、资本密集度差异、生产率进步率差异和对外开放程度差异等。但基于历史数据的经验研究表明，人口年龄结构对产业结构造成的影响与这些因素是互补的，即可以在这些因素外产生额外的影响。根据理论模型开展的模拟分析也表明，即使不考虑其他结构转型因素，人口老龄化本身就将对我国未来的产业结构造成深远影响。具体来说，服务业的比重将快速上升，工业比重则将显著下降。特别地，在2030年，服务业就业比重将接近或超过50%。因此，人口年龄结构可能是在有关产业结构转型的研究中被长期忽视的因素之一。考虑人口年龄结构的作用，有助于解释在经济发展水平相近，从而收入弹性、资本密集度、生产率进步率和对外开放度相似的地区之间，产业结构为何存在差别。

产业结构的差异可以进一步解释地区间经济发展不平衡程度的变化。整体而言，20世纪80年代以来至21世纪初，我国省际的经济增长表现总体缺乏收敛性，甚至体现出渐强的发散趋势。但区分不同产业来看，其生产率在地区间的收敛性质存在显著差异。具体而言，各工业子行业的生产率几乎都表现为在初始水平高的地区增长慢、而在初始水平低的地区增长快的特点，即在地区间存在收敛现象。与之相反，无论是农业部门还是服务业部门，生产率在地区间均未显著收敛。因此，相对落后地区的产业结构，特别是其中工业部门的占比，对该地区在整体上实现向相对发达地区的经济增长收敛具有关键作用。但事实上，基于反事实的数值分析表明，由于相对落后地区的工业规模过小，所以削减了其工业部门本身相对较快的生产率增速对整体地区经济增长的拉动力。

如果这些地区具有与相对发达地区相近的工业比重，那么即使农业和服务业部门的生产率不收敛，仅靠工业部门生产率的收敛动力，其地区整体经济增长也将比相对发达地区更快，从而可以实现省际经济发展水平的收敛。

工业部门占比较高的地区之所以能获得较快的经济增长也与产业集群的作用机制有关。目前有关产业集群的研究主要强调集群中专业化的劳动力储备、专业经济、知识外溢这三方面的正外部性。但对我国企业而言，创新和生产率进步的重要障碍之一是融资约束。因此，本书着重刻画产业集群缓解企业的融资约束，从而促进企业创新活动并推动地区经济增长的渠道，以补充现有文献对集群效应的认识。不同于相关研究对产业集群能增加企业非正规融资和降低企业资金需求门槛的强调，本书关注于集群对企业抵押物评估价值的提升作用，并借此强调产业集群同样放松了企业所面临的来自正规金融部门的融资约束。理论模型和实证分析说明，产业集群程度越高，企业在被迫变现固定资产时找到最佳接手者的概率就越大。银行基于该预期，当处理企业事先提出的固定资产抵押贷款申请时，就会赋予其固定资产以更高的估价，从而授予其更多的信贷。得益于更为宽松的融资环境，集群内企业表现出更高的研发概率和研发支出，也具有更多的新产品销售收入，反映出其相对更加活跃的创新行为。创新活动进一步促进企业生产率进步。无论以劳动生产率还是全要素生产率作为衡量指标，集群内企业的生产率都增长得更快。企业层面的生产率增长还将加总到地区层面，使地区的平均劳动生产率和全要素生产率更快地向技术前沿收敛。通过构建企业维度上的融资约束指标并使用路径分析，结果显示缓解融资约束的中介渠道解释了产业集聚对企业创新促进作用的50%—69%和对生产率进步促进作用的64%—72%；同时，增加100家集聚企业将使地区劳动生产率和全要素生产率向技术前沿的β收敛速度加快39%左右。

在外需进入下行通道、传统产业产能过剩和地区差距长期持续的背景下，我国经济面临增长动力轮替、产业结构转换和区域平衡发展的多重任务挑战。本书的研究结论说明，人口老龄化趋势将对这些方面都造成深远的影响。首先，人口年龄结构是经济增长动力从外需向内需转换过程中不可忽视的因素之一。2008年金融危机以来，我国政府通过采取宽松的货币政策和财政政策、税收减免和消费补贴、健全产品市场和完善消费保障体系等一系列手段，推动了经济增长向内需推动的转型。国家统计局数据显示，最终消费支出对我国国内生产总值的贡献已从2002—2008年的平均45.6%上升至2009—2017年的平均55.4%，增加了近10个百分点。在消费总量增长的同时，消费结构调整的速度同样迅速。国家统计局的数据显示，在2013—2017年的我国居民消费支出中，食品烟酒的占比从31.2%下降至29.3%，衣着的占比从7.8%下降至6.8%；与之相反，交通和通信的占比从12.3%上升至13.6%，教育、文化和娱乐的占比从10.6%上升至11.4%，医疗保健的占比从6.9%上升至7.9%。（正如本书分析发现的，由于不同年龄的消费者在偏好和支出结构方面有所不同，人口年龄结构变化是产生消费结构调整的关键原因之一。）对可贸易部门而言，国内需求冲击可能传导至进出口部门，造成贸易流的波动，甚至影响国际市场；对不可贸易部门而言，国内需求冲击可能引起国内产品价格波动，并对货币政策形成冲击。相对于外需变化、偏好转移和质量提升等各部门面临的需求冲击而言，人口年龄结构变迁产生的需求冲击具有一定的规律性，人口年龄结构本身的变化也更具有可预见性，因此，根据未来人口年龄结构的变化趋势预先做好产业结构调整和不可贸易品在地区间的布局，有利于熨平需求波动引起的产业结构波动，也有利于减缓随产业结构变化而来的产业间劳动力调整成本。尤其是教育、医疗等部门的产品主要由政府部门提供，因此更需要根据人口老龄化趋势提前做好布局。

本书的理论和模拟分析指出，人口老龄化对产业结构造成的冲击不仅体现为需求面上相对支出规模的变化，也体现为供给面上不同年龄劳动力要素相对投入规模的变化。相比于需求面渠道，供给面渠道的作用效果甚至更为主要。特别地，由于工业部门相对更多地使用年轻劳动力，人口老龄化将在要素供给方面对工业部门造成冲击。如果人口老龄化进程过快，就可能导致产业结构出现过早去工业化等问题。由于地区间人口年龄结构和老化速度存在差异，不同地区所面临的人口老龄化在供给面上对产业结构造成的冲击也不同。例如，我国东北地区的人口生育率自20世纪80年代初起就低于世代更替水平；目前该地区的生育率已跌至很低的水平。具体来说，1982年时，辽宁、吉林、黑龙江的生育率分别为1.773、1.842和2.062，远低于当年全国2.584的平均水平。2000年时，东北地区的总和生育率仅为0.75。持续的低生育率导致东北地区人口年龄结构较全国水平而言更加老化：2015年时，其年龄中位数为43岁，比全国人口的年龄中位数38岁高5岁。[①] 人口年龄结构老化速度过快且水平过高也造成了东北地区的产业结构出现过早去工业化等问题。例如，2006—2016年间，黑龙江的二产占比从54.65%锐减至28.87%，辽宁的二产占比从51%锐减至38.59%；而2006年时与这两省二产占比相近、人均地区生产总值水平也相近的河北和内蒙古，在2006—2016年间其二产占比仅分别从52.3%和47.63%下降至47.3%和42.4%。因此，对东北地区而言，针对地区人口年龄结构老化的现实背景适当地调整生育政策、落户政策和人口引进政策，以缓解人口年龄结构对产业结构优化的限制，不仅有助于直接缓解地区养老负担，而且对振兴经济和社会发展具有重要意义。

人口老龄化导致服务业占比相对上升，工业占比相对下降。但在此产业结构调整过程中，即使对同一年龄段的劳动力群体而言，也并非所有个体都能以同样概率从工业部门向服务业部门转移。换言之，尽管可以预见伴随产业结构转型将出现劳动力跨部门流动的摩擦成本，但不同个体面临的摩擦程度很可能存在差别。特别地，本书的实证分析表明，女性和受教育程度较高的劳动者相比于男性和受教育程度较低者而言，更容易进入服务业部门，故他们在产业结构转型中面临的摩擦成本较

---

① 见 https://wallstreetcn.com/articles/269490［访问时间：2019-8-30］。

小。这意味着政府在根据人口年龄结构变化趋势预先对未来的产业结构进行布局,以平滑劳动力在部门间流动产生的摩擦成本时,应当对有关群体给予特别关注,通过采取针对性措施,如职业教育和培训等,帮助他们进入产业结构中份额上升的部门。

对发展相对落后的地区而言,人口年龄结构老化带来的去工业化实际上不利于它们向发达地区实现经济增长的收敛。仍以东北地区为例,2006—2016年间,其平均的人均地区产值水平已由相当于浙江、江苏和广东(即2006年除直辖市外人均地区产值水平最高的三个省份)的61%下降至57%,说明其经济增长与发达地区间的差距已被拉大。本书通过实证分析发现,工业部门存在显著的经济增长收敛特性,但由于在发展相对落后地区中工业部门的占比太小,导致工业部门的增长收敛特征无法带动发展相对落后的地区在整体层面上向发达地区收敛。因此,推动落后地区的工业化、提高落后地区的工业就业份额,对于强化当地工业劳动生产率收敛对整体经济收敛的推动作用、促进落后地区向发达地区追赶、最终缓解地区间经济发展的不平衡,具有关键意义。尽管对一些地区而言,工业份额偏低与地区人口结构老龄化有关,但在另一些发展相对落后的地区中,工业份额偏低可能是工业生产率较低、基础设施不完善、市场发育不健全等问题的结果。因此,要实现地区间经济发展的再平衡,不仅需要发展相对落后的地区通过调整生育和落户政策等措施优化年龄结构,避免过早去工业化,还需要它们通过弥补基建短板、培育市场经济和引进高生产率的工业企业和行业以提升当地的工业份额,加强工业部门增长收敛对地区整体增长收敛的拉动力。

产业结构,特别是其中工业部门的占比,之所以对实现地区间的经济平衡发展如此重要,是因为除工业部门外,其他部门的经济增长缺乏收敛特性。本书发现,工业部门的增长收敛与该部门集群化的空间分布有关。通过发展龙头产业、培育产业集群等产业政策,地方政府能在既定的金融环境中放松企业面临的融资约束,从而帮助企业的创新和发展。因此,在给定的产业结构下,地方政府可以通过发展产业集群来降低工业企业的融资约束，促进企业创新和提升生产率，激发工业部门实现更快的增长，从而带动地区整体经济向发达地区收敛。与此同时，本书通过理论证明和实证检验，论证了产业集群缓解企业融资约束的作用与集群能增强企业固定资产的抵押价值和变现能力的效果有关。而给定产业集群的程度，当地的资产抵押和流转市场发展同样有助于提升企业固定资产的抵押价值。因此，地方政府在发展产业集群的同时，也需要寻找政策创新，以建立更为灵活和通畅的抵押资产流转渠道。在本书撰写过程中，作者通过对浙江省淳安县的调查发现，由于地方政府对当地游船经营许可证的核发和转让进行了有效管理，因而游船许可证能够获得稳定、甚至不断上升的市场估值，这使得当地的游船企业能够将游船经营许可证抵押给金融部门并获得贷款。以上事实说明地方政府在建立和完善资产抵押和流转市场中大有可为。当然，要打破企业面临的融资约束，促进其创新和生产率提升，还可以通过金融部门创新和发展非正规金融渠道等。尽管金融部门创新是应对融资约束问题的根本举措，但其在设计和推行过程中往往依赖于顶层动力。而非正规金融手段往往又蕴含诸多风险，并且主要用于缓解企业的流动性资金约束。因此，对地方政府而言，两者都难以缓解企业在创新和研发投资中所面临的融资约束。

自2012年以来，我国在整体层面上进入了工业就业份额减少、服务业就业份额增加的后工业化时代。国家统计局数据显示，工业就业份额已从2012年顶峰的30.3%下降至2017年的28.1%；同期，服务业就业份额从36.1%迅速上升至44.9%。根据人口老龄化趋势与库兹涅茨事实所刻画的产业结构转型一般规律，可以预见我国整体层面上的产业结构将进一步向服务业部门转型；同时在更多地区，服务业部门将取代工业部门成为地方经济中的主导产业。本书基于历史数据研究发现，尽管工业部门的增长在地区间收敛，但服务业部门的增长却缺乏收敛性。然而，近年来在产业结构向服务业部门转型的过程中，许多地方新兴发展的服务业部门产业也与工业部门一样，呈现出集群化发展的特征，形成了诸如旅游产业、物流产业、商业和电商产业等服务业产业集群。本书发现，增强企业抵押资产的流转能力并提高企业抵押资产的评估价值，是产业集群缓解工业企业融资约束、促进它们从事更多创新活动、进而实现地区整体工业增长收敛的重要渠道。服务业产业的集群化发展是否也能类似地激发有关企业进行创新，推动其生产率进步，并形成服务业增长在地区间的收敛效果，值得利用更新的数据做进一步实证探究。如果产业集群的促增长效应在服务业部门中同样存在，那么如果在发展相对落后的地区扶持并培育一批符合地方特色和比较优势的服务业产业，将可能促进其在人口年龄结构老化及与之伴随的产业结构转型过程中向相对发达的地区收敛，实现地区间经济发展的平衡。

后　记

　　本书的写作正值我国改革开放四十周年。四十年来，我国实现了由计划经济向市场经济的顺利转变，以年均 9.5% 的增长速度创造了"中国奇迹"，社会经济快速发展，人民生活水平得到极大改善。许多人将上述经济成就归因于人口红利和外需牵引等供给和需求面上的增长引擎，但我很早就开始思考如何避免当人口红利消失时低生育率陷阱对经济增长的掣肘、如何在后出口导向时实现经济结构再平衡、缩小不同地区间的经济发展差距等问题。所以当通过北京大学国家发展研究院博士生资格考试并进入博士论文选题时，我毫不犹豫地选择了产业转型和结构失衡为研究主线。在研究过程中，我又相继把人口年龄结构和地区发展不平衡因素纳入分析范畴，特别是博士毕业以来在浙江大学工作期间，对回答以上三个问题形成了较为统一的理论框架。本书就是在此框架下，将十年研究所获得的主要发现和心得进行总结。

　　由于研究过程同时涉及复杂的理论推导、烦琐的数据搜集和细致的实证分析，曾给我带来许多挑战。有时为了思考应当如何刻画一个新的理论机制，或者为了突破某处推导步骤以论证一个理论结果，我会伏案精研；有时为了获得一些历史数据，或者考证其中的个别数值，我会孜孜求索；有时为了甄别和改进实证模型以保证分析方法的适宜性、检验回归结果是否稳健可靠，或者准确识别不同变量之间的具体作用机制，我会废寝忘食。当这些挑战被逐一解决，研究成果最终汇集付梓之刻，一路上的艰辛也随之化为喜悦。我要由衷感谢北京大学国家发展研究院的全体老师，特别是我博士期间的导师姚洋教授，他给予了我严格的经济学训练和思想上的启迪。我也要感谢十年来我的同窗、同仁和研究合作者们，他们在我构思和撰写本书的过程中提供了富有建设性的建议。最后，我还要感谢出版社编辑的细致工作。

本书的出版为我与关心人口老龄化、产业结构转型和地区发展不平衡等问题的读者进行交流提供了契机。我热忱地期待读者们对本书提出宝贵的点评。你们的建议将是我今后在该领域进一步深入研究的动力和财富，我将万分珍惜。

茅　锐

2019 年 9 月 1 日